杭州师范大学人文学院研究生会 编

杭州师范大学人文学院
研究生文史研读会论文集

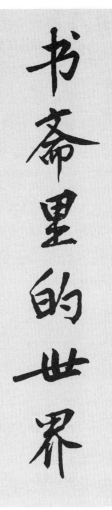

书斋里的世界

浙江工商大学 出版社
ZHEJIANG GONGSHANG UNIVERSITY PRESS

·杭州·

图书在版编目（CIP）数据

书斋里的世界：杭州师范大学人文学院研究生文史研读会论文集 / 杭州师范大学人文学院研究生会编.

杭州：浙江工商大学出版社，2025. 8. -- ISBN 978-7-5178-6236-9

Ⅰ. C53

中国国家版本馆 CIP 数据核字第 2024ZV7398 号

书斋里的世界
——杭州师范大学人文学院研究生文史研读会论文集

SHUZHAI LI DE SHIJIE
—HANGZHOU SHIFAN DAXUE RENWEN XUEYUAN YANJIUSHENG WENSHI YANDUHUI LUNWEN JI

杭州师范大学人文学院研究生会 编

责任编辑	王　英
责任校对	韩新严
封面设计	望宸文化
责任印制	屈　皓
出版发行	浙江工商大学出版社
	（杭州市教工路 198 号　邮政编码 310012）
	（E-mail：zjgsupress@163.com）
	（网址：http//www.zjgsupress.com）
	电话：0571-88904980，88831806（传真）
排　　版	杭州浙信文化传播有限公司
印　　刷	杭州宏雅印刷有限公司
开　　本	710mm×1000mm　1/16
印　　张	11
字　　数	146 千
版 印 次	2025 年 8 月第 1 版　2025 年 8 月第 1 次印刷
书　　号	ISBN 978-7-5178-6236-9
定　　价	55.00 元

编 选 说 明

虽然如今研究生培养依然以二级学科为主体，但今天的人文学科在国际化、现代化、民族化的浪潮席卷下，已经无法再故步自封于一个二级学科而陈陈相因。对于中国语言文学和中国史两个一级学科的研究生培养而言，如何打破知识壁垒、摆脱向壁虚构的虚无空想是一个亟待解决的问题。

毫无疑问，对于人文类的基础学科而言，阅读是研究生培养中最重要的环节之一。没有充分的阅读，就无法看清本来，更无法面向未来开展研究。我们反复强调研究生阶段读书的目的，不仅仅在于知识习得，更重要的是学习所读书目提供的学术视角和思维方法。因此，杭州师范大学人文学院开展文史研读会，打通两个一级学科的学术壁垒，尽力使研究生在阅读中打开视域和拓展思维，在学术研究中既能坚守民族文化传统、解决中国问题，又能与时俱进、具备世界眼光。

我们将每次研读会后优秀的读书笔记收集起来，整理后编成此书，这些单本著作的讨论和阅读汇聚在一起具有整体意义。本书是一部精心编选的读书成果汇编，能为年轻人的学术研究提供有益的参考和启示。通过这些文章，读者可以深入了解中国社会与历史的变迁、学科融合和社会文化阐释，以及世界视域中东亚文明等方面的重要问题和发展趋势。

本书上编从不同角度探讨中国社会与历史的变迁，包括学术研究方法的更新、国家与社会关系的演变以及宗教信仰的转变，展示了中国社会在不同方面的变化和发展。中编则着重探讨学科融合与社会文化阐释，涉及天文学、历史事件评价以及人类社会与动物社会的比较研究等。中编中的文章通过学科交叉的方法，深入探讨了中国社会和文化的重要方面。下编主要关注世界视域中的东亚文明，包括中国诠释学、日本国民性以及中国与欧洲的比较研究等。下编中的文章从全球视角出发，探讨了东亚文明的重要内容，并为中国学术研究提供了新的思路和方法。

我们要求学生在研读会上进行讨论甚至辩论，之后形成一篇完整的读书报告。不过，我们也不愿意用僵化的格式框定学生的思维。参会学生的专业不同，平时学术训练的侧重点也不同。因此，我们鼓励学生将他们自己最有感触、最受启发、最想阐述的内容，用较为规范的学术语言表达出来。本书所收录的文章，有的侧重于结合自身问题意识和研究关切展开讨论；有的着力于对全书核心观点、思维方式及价值判断展开述评；有的则从原文出发，对作者本人的学术思想进行评价；有的从宏观的问题意识切入，讨论书中相应的学术问题；有的集中于表达全书的学术范式和治学方法所带来的启发。

在知识爆炸的时代，特别是对于作为网生代的学生而言，阅读更加个性化已经成为趋势。每个人都有自己的知识结构、学术思维和问题意识，因此面对同一部作品，每个人自然有不同的感触和解读。这种多元化的视角和个性化的解读，反而会带来更多的启发。当读者从不同的角度分析、解读和评价一部作品时，原本单一的文本解读就变得丰富了。这不仅加深了我们对一本书的理解，也有助于激发我们的创新思维，促使我们进行学术交流和知识共享。

总的来说，本书的多元化视角和个性化解读方式让我们看到阅读不仅仅是一个接收信息的过程，更是一个思考、创新和交流的过程。在这个过程中，我们可以不断深化对作品的理解，提升自己的思维能力和学术素养，同时也可以与他人分享自己的见解、拓宽视野，以实现对知识的深层次理解和创新性应用，为学术研究和个人成长打下坚实的基础。

在编选过程中，编者尽可能保留作者的核心观点，尊重作者的表达习惯，尽可能完整地呈现出杭州师范大学人文学院研究生的整体水平，使其思维和表述的个性特征得到最大限度的保留。编者对每篇文章只进行必要的修改和整理，包括对文章标题的调整、对个别语言的润色以及对注释的规范等，以使其更加符合本书的整体风格和内容要求。

《礼记·学记》有言："独学而无友，则孤陋而寡闻。"潜心学术、拓宽视野、交流互鉴、共同进步，是杭州师范大学人文学院文史研读会的目标。引导学生学会读书、学会思考、学会研究、学会写作，则是我们老师的任务。恳切希望各位读者对杭州师范大学人文学院的研究生导师团队提出批评、建议，帮助我们提升指导水平。

编选组

2023 年 9 月

目 录

上编

中国社会与历史的变迁

学术研究方法新启

——社会学研究方法与中国历史学的互渗

李露铭

[研读书目版本]

赵鼎新著，徐峰、巨桐译：《儒法国家：中国历史新论》，浙江大学出版社 2022 年版。

回望赵鼎新《儒法国家：中国历史新论》（以下简称《儒法国家》）的写作源头，可以追溯至 1974 年。彼时的创作有着深刻的时代烙印，但关于创作历史作品的严肃性与期待性皆始于此时。如飘萍的时代人生虽未能为作者提供足够安稳的创作环境和良好的发展机遇，但求真求实的历史态度在波澜的人生际遇中愈久愈彰了。起初，作为生物学专业的学生，赵鼎新更多采用理科的研究思路和研究方法。直到 1990 年，其海外求学经历才将他带入社会学的研究领域。最终，作者将理科研究程序的体系化、社会学研究方法的理论化以及务实尚真的文史学研究心态融合在一起，这是一条水到渠成却又曲折的道路。鉴于此，笔者将从两个层面对《儒法国家》文本内容进行解读：一是对《儒法国家》具体内容的概括与分析；二是对所涉及的具体问题的呈现与总结——以学术研究方法为主。

一

　　厘清学术著作的研究框架是阅读的基本任务。《儒法国家》一书不论是书名还是开篇的目录页，都对其所研究的课题、框架进行了明确的概括与分类。该著作通篇论证"儒法"结构在中国社会历史上的形成过程及其带来的效应，而副标题"中国历史新论"则在点明其研究范围——中国历史的同时，也赋予了该研究的现代意义——"儒法"国家的历史形态具有中国历史发展范畴的特殊性。该研究虽属于西方兴起的社会学学科领域，但其框架结构本身就带有中国文化的特殊性，因此，该书是展现中国历史文化独特性的社会学研究著作。

　　《儒法国家》的目录页部分有明确的问题理论、研究框架，主要分为四个部分：第一部分"问题与理论"，是学科性的书写；第二部分是结构性的书写，包括"东周历史的背景""东周时期战争驱动的历史发展""儒法国家和中国历史的基本形态"。学科性的书写在后续部分有较为详细的叙述，本段优先以结构性的书写为解析对象。从"东周历史的背景""东周时期战争驱动的历史发展""儒法国家和中国历史的基本形态"等标题来看，结构性的书写以朝代划分为主。这种分析方法很常见，能够在保证历史连贯性的同时确保理论研究不落虚空；其中着重强调"东周"这一变动频仍的历史背景，与第一部分中的"社会变迁理论"相呼应，点明"东周"这一时期对整个理论研究的基础性意义。此外，"儒法国家和中国历史的基本形态"作为该书的最后一部分，包含两项内容：一是基于时间对一些特殊情况做了划分与整理说明，比如中国历史上曾遭遇的宗教问题、异族问题、商品经济问题以及儒家文化内部的分化问题，这对于整体认识作者的理论框架及深入分析中国历史文化是极有意义的；二是基于空间书写中国历史文化的特殊性，进一步分析中国与西方的差异及其产生的原因。综上所述，《儒法国家》的理论研究大致基于此框架，该研究在尊重史实、注重史料的同时，保证文化分析不落窠臼，这与作者求真求实的研究态度有密切的关系。

　　除了在该书的前言部分，在一篇人物访谈中赵鼎新也对自己所采取的研究方法做了清晰的总结："人的感受这一变量很难界定，而且就算是加进了这个变量，总还有其他未包含的变量。在研究昆虫种群动态十来年的生涯中，我始终被以下的问题困惑。一者，模型中加的子模型、变量和参数再多，模型模拟现实的程度总是有限，因为有些变量和参数并不具有可预测性；二者，模型过度复杂，只一味地想接近现实的话，模型就成了对现实的一种'叙事'，完全失去了理论意义。"[1]无论是变动无常的偶然因素，还是容量有限的模拟模型，都会给研究带来局限性，这难以避免。或者说，局限性是必然存在的，但是赵鼎新始终坚持客观的历史态度，并采用中国所独有的辩证思维和历史理性思维对某一领域进行深入研究。"中国人有很强的辩证思维和长时段的历史理性"，"辩证思维"是极易理解的，阴阳、中庸的思想便是极好的例证，而"历史理性"则在墨家、法家等具有典型实用主义色彩的学派中有鲜明的体现。这两个概念始终贯穿在赵鼎新的研究中。或者说，对近现代中国的研究，必须突破西方的先行概念，达到对中国历史独特性的把握。

二

　　对《儒法国家》的问题理论、研究框架以及研究态度进行分析总结后，本文将会进入具体内容的论述，这一部分主要参考目录页对所论述内容的总结。若全然依照则过于冗长，因此笔者选择从中截取关键部分，即以东周的全民战争时代为主要论述对象，对先前的西周和后续的西汉进行承前启后式的概括性

---

[1]　赵鼎新、周奇:《超越困境和超越的困境——赵鼎新教授访谈》,《学术月刊》2014年第 7 期，第 170—176 页。

梳理。同时对第四部分进行更加细致的梳理，并尝试与作者对话，探究该书的总结部分对读者的启迪。

该著作的第一部分"问题与理论"对所要研究的内容与领域进行了明确的限定。首先，在研究问题方面，该书主要涉及两大历史问题：一为"解释中国为何且如何由秦统一并发展出官僚制帝国"[①]；二为"探讨早在西汉时期就被制度化的政治／文化结构为何有如此强的韧性，以至于长盛不衰并绵延至19世纪"[②]。不难看出，这两大问题都立足于长期发展的大历史观，以多层次的社会结构分析方法来分析阐释中国形成独特历史形态结构的原因。这部分内容主要阐明两点：一为"官僚制帝国"；二为"制度化的政治／文化结构"。这两点都是从社会学角度进行阐释的。相应地，赵鼎新所采用的研究理论也表现出社会学特点。在"理论与主要观点"部分，赵鼎新直述该书所采用的宏观历史动态理论，并将其概括为"竞争与竞争结果制度化的辩证互动是历史变迁的根本性动力"[③]。为了理解这一句话，笔者同样采取读取关键词的方法，将其拆分为"竞争""竞争结果制度化""辩证互动"三个部分。笔者虽将其分为三个部分，但并没有将三者割裂开来理解。作为社会历史变迁的原动力，"竞争"具有普遍性与运动性，而伴随其运动所产生的一系列结果需要社会主体的调整和归纳，这些经过调整及归纳的竞争结果的"制度化"就是水到渠成之事了。"辩证互动"则体现了一种动与静的互渗，即"竞争"的动态与"制度化"的静态之间的交叉互动，二者彼此影响并不断发生变化，引领社会不断向新的方向发展。

---

① 赵鼎新著，徐峰、巨桐译：《儒法国家：中国历史新论》，浙江大学出版社2022年版，第6页、第10页。
② 赵鼎新著，徐峰、巨桐译：《儒法国家：中国历史新论》，浙江大学出版社2022年版，第6页。
③ 赵鼎新著，徐峰、巨桐译：《儒法国家：中国历史新论》，浙江大学出版社2022年版，第10页。

简单对《儒法国家》所研究的问题和采用的理论进行梳理后，可获知其后的具体内容是以上述内容为中心展开的分析阐释，亦对其历史学、社会学性质有一定的阐释。

在进一步展开对后续内容的论述之前，笔者认为有必要对《儒法国家》的研究性质进行界定。笔者已经对该书的框架结构、所采用的理论等进行了详细论证，此处不再赘述。本段的关键在于厘清《儒法国家》所归属的具体学科领域。这一问题看似深奥且难以回答，但赵鼎新已经在 2023 年出版的新书《什么是历史社会学》中予以回应。《儒法国家》应属于历史社会学研究范畴，其采用的一系列研究方法及学科态度皆表现出历史社会学的独特性。基于此，笔者将在本次的读书笔记中引入新的概念。新概念的出现虽然在一定程度上增加了理解该著作的难度，但是正视其出现的原因、过程及结果，对认识具有中国特色的学科及相关学科建设都有着重要意义。在将历史社会学与《儒法国家》正式建立联系之前，笔者将引入赵鼎新新作中对历史社会学这一核心概念的叙述来帮助大家认识该学科。"它的核心议题却很清晰，甚至可以说只有一个，那就是工业资本主义和民族国家产生的原因及其后果"，此概念初读之时因颇具现代性而与《儒法国家》涉及的中国古代历史部分存在偏差，但《儒法国家》同样在此核心概念的指导下"运作"。赵鼎新在新作中说："笔者的近著《儒法国家：中国历史新论》虽然在西周和春秋战国历史上花了很大笔墨，但其核心问题意识是工业资本主义和民族国家产生的原因和后果。这本书主要是为了阐明一个具有中国特色的体制和制度在西周已有雏形，到战国已有很大发展，而在汉武帝时代就初步定型成了一个笔者称为'儒法国家'的政体形式……"[①] 由此可见《儒法国家》所凸显的学科性质和现代意义。综上所述，

---

① 赵鼎新：《什么是历史社会学？》，《中国政治学》2019 年第 2 期，第 101—117、217—218 页。

《儒法国家》中呈现的历史学研究态度，如对史料的重视、对历史数据的引用、对历史场景的尽量还原，以及社会学研究方法，如数据模型的建立、宏观历史结构的建立、社会学理论的指导性发挥等，保证了该著作在学术领域的前瞻性与指导性。

述清《儒法国家》的基本问题，也就在一定程度上扫清了对整部著作进行具体阐述的障碍。迫于篇幅，对全文内容进行权衡是不可避免的。基于此，笔者欲将论述重点分为内外两个部分：内部侧重于对东周全民战争时代的竞争、制度化以及西汉时期形成的稳定的官僚体制等进行纵向研读——出于"探清其源"的目的，这也是本文论述的主体部分，笔者将用较大的篇幅进行分析；外部侧重于对西方世界所带来的文化、市场经济、战争动因等进行横向研读，并在文末对内外互动进行总结。这一总结除对该著作的文本内容做出归纳之外，还从中挖掘了其现代意义，这也是赵鼎新在该著作中试图达成的一点。

赵鼎新对东周全民战争时代的论述是该著作的重心，这部分在逻辑上并不是孤立的。在东周战争兴起之前，赵鼎新将西周留给东周的历史遗产概括为三点——"天命观"、基于血亲关系的"封建体制"及"宗法制"。其中，"天命观"是一种约束统治者与执政者两方的观念；"封建体制"的建立则将抽象的人际关系具象化，使其与具体的封邑、制度相关联，这是封建制度化、官僚化的雏形；"宗法制"则作为一种长期在中华民族统治团体中发挥效用的亲缘观念，对中国历史形态的形成发挥着重要作用。在这个阶段的论述中，笔者认为赵鼎新对概念的理解、辨析是极有价值的。众所周知，在一般的学术概念里，"封建"作为时间、制度等范畴内的概念的定语，一直存在泛用的问题，而赵鼎新在该书中对"封建"与"封建制度"进行了辨析，并明确论述了选择"封建制度"的理由："本书使用'封建制度'（feudalism）这个术语是用以描述这样一种政治体制：在这一体制中，每一个等级化的政治单元在立法、战争、征税等方面都享有相当的政治自主性，并拥有其他一些在现代民族国家的格局中只有国家才享有的政治权力。"①赵鼎新对该词的界定奠定了该书的社会学论述基调，他还将上述两个概念进一步打通，即"封建制度"不再是中华人民共和国成立之前的一个以时间、朝代为基础的政治文化概念，而是一个长期存在于中国文化内部，对中国政治体制的形成及进一步发展都有着现代意义的动态的文化概念。这对认识中西方在时空上的文化差异、建立具有中国文化特殊性的理论学科都有极为重要的意义。

在进入"全民战争时代"之前，除却西周时期，赵鼎新将过渡时期大致划分为"霸主时代"和"转型时代"两个时期。这两个时期主要以宗法制的解体、官僚制的建立为中心。传统的天子权威因军事、经济等的贫弱逐渐丧失，而各个国家（首先以大的诸侯国为主，之后在全民战争时代，战火逐渐燎至各小国）的官僚化制度改革陆续开始，其中尤以楚地为代表。楚地经济、艺术的发展使其有跻身"新贵族"的资本，但其始终无法与传统的"宗法"观念相抗衡，也就无法摆脱"蛮夷"的文化地位。这在很大程度上反映了意识形态对中国政体的影响力。"华夷"观念是中国历史文化中长期孕育的一种文化惯性。辩证来看，它对中华民族抵御外侮、团结聚力、建立文化自信有正面的导向作用，但它同样在一定程度上形成了文化壁垒，从而使文化交流产生了隔阂。随着现代文化观念的发展，中国的开放包容已在一定程度上将这种坚实的"壁垒"转化为软性的尊重，这对文化多样性的发展无疑是有益的。

"全民战争时代"有三个特点，即思想上"诸子百家的兴起"、政治上"绝对主义的主宰"、军事上"秦帝国与中国一统之路"。这三个特点与《儒法国家》第一部分所提出的社会理论——将社会权力资源分为"政治资源""经济资源""军事资源""意识形态资源"——相呼应。上述特点虽未直接点明"经济

---

① 赵鼎新著，徐峰、巨桐译：《儒法国家：中国历史新论》，浙江大学出版社 2022 年版，第 62 页。

资源"部分，但中国以农为本的经济结构与思想观念是有密切联系的。

"诸子百家的兴起"是思想繁荣的体现，在此过程中思想重心发生了转移，具有向意识形态权力归拢的倾向。经过激烈的博弈，这一时期思想领域的主导者为儒、道、法三家。应当注意的是，这三家虽有各自不同的主张，但在思想性质上表现出高度的中国特性，即《儒法国家》一书屡次强调的"历史理性"。以该著作中的原话来概括"历史理性"，即"虽然东周的哲人们对历史抱有兴趣，但他们无意于发展出系统的理论来解释历史。他们的目的非常实际，他们从历史先例中汲取道德层面与实践层面的经验教训，主要是为了给君主的地位提供合法性，并以此指导君主的行为与决策"①。由此可知，"历史理性"主要表现出两个特性：一是实际功用性，是"士"参与政治、制衡君主的工具；二是非私利性，不论是儒、道、法还是其他思想派别，都是为了达成更理想化的或者更实际的社会并为其服务。这便是中国思想文化中所独有的"历史理性"，它催发了中国文化的早熟，在构筑成熟性的同时也留下了保守性的风险。认识到这一点对于认识中国传统文化的特性尤其重要。夸饰和自卑都会在面对自身文化时产生不端正的态度，通过正确的概念认识中国文化的特性才有利于更加长远的发展。在此概念之外，结合当时的战争时代背景，儒、法、道三种思想在长期的历史发展中留下了鲜明的印迹，但在当时占据主导地位的是能够迅速与政治权力结合并为国家发展带来巨大动力的法家思想。正如该著作所论述的，"法家学说为不受制约的'强国家'提供了合法性，而法家改革则增强了国家调动人力资源与物质资源的能力，且提升了军队的战斗力"②。最实际的效益自然能够一呼百应。所有事物都不是完美的，"历史理性"的早熟与"法家权威"的

---

① 赵鼎新著，徐峰、巨桐译：《儒法国家：中国历史新论》，浙江大学出版社 2022 年版，第 209 页。

② 赵鼎新著，徐峰、巨桐译：《儒法国家：中国历史新论》，浙江大学出版社 2022 年版，第 214 页。

施行在秦代达到了高峰，"基于工具主义的社会秩序肯定经不起来自价值层面的挑战"①。战争时代进入静止周期后，这一权力结构的弊端展露无遗，并随着秦王朝的覆灭为后续社会的发展带来了深刻的警示。

"绝对主义的主宰"是对现实政治的讨论，主要涉及法家改革在国家内部以及国家与国家之间的辩证互动关系，也即意味着"法家改革"与"国家政治"二者是相互影响的关系，不可孤立理解。该部分的法家改革不再是意识形态领域的争鸣，而是切实进入政治领域的施行，其改革对社会的影响是极为深远的。首先，战略防御设备的修筑、水利工事的开凿、兵器的冶炼铸造等的革新主要是为军事战争服务，但相关设施、技术并不会随着战事的结束而消解。其次，与基础设施相适配的社会结构的改革也随之进行。军队组织扩大，军事效益成为社会结构改革的主要动力，社会组织力增强，效率提升，"均摊"到个人的要求也就不断提高。在这样的背景下，个人的才能与政绩表现受到重视，"绩效"的加入为军事行动的组织和发动以及政治体制的加速变革提供了有效的正向激励措施。"绝对主义的主宰"这一标题似乎带上了"专制""宰制"的色彩，但从实际来看，在此机制下形成的官僚制国家不仅成功渡过了封建主义危机，完成了新结构的构建，其中的社会成员还在各种政策的激励下产生了投入社会结构改革的自觉。因此，笔者认为，该著作中所表述的"绝对主义"概念更类似于一种绝对化的社会体制。在这种体制中，以法家思想为指导，以国家机器为依托，形成了一个上传下达、极为团结高效的社会团体。从上述分析来看，二者的高频互动无疑在为一个共同的目的——战争的胜利——服务，这也就为下一章"秦帝国与中国一统之路"做了铺垫，即阐述秦帝国通过战争的方式实现统一但又因战争机器的不可停厄而早夭。

---

① 赵鼎新著，徐峰、巨桐译：《儒法国家：中国历史新论》，浙江大学出版社2022年版，第215页。

　　"秦帝国与中国一统之路"主要对当时的一众军事强国进行对比分析，其中以秦帝国的几大战役为主要分析对象，意在通过战争的形式从军事角度分析秦一统中国的原因。最终秦能完成一统中国的功绩是有许多因素影响的。法家改革并不是只在秦国内部推行并取得了成效。在秦统一之前，魏、齐、赵、楚、韩、燕、秦七大强国都曾在当时的军事行动中留下了骁勇的英姿。因此，还需要更深层次地挖掘其一统的原因。国与国之间的势力此消彼长是必然的历史趋势，而秦能一统中国的原因主要有两点：一是"强国家，弱贵族"的传统使得秦国与其他拥"贵"自重的国家割裂开来，这使秦国在改革上有更多的自由，在政策施行上更加高效，而其在地理位置上的边缘化，又为其发展壮大提供了更多缓冲的时间和空间。在改革之后，秦国不论是主动还是被动进入战争，都能够利用长期形成的优势瓦解因陈规而逐渐分崩的所谓"抗秦"联盟，这也是水到渠成之事了。二是在广泛招贤纳士的环境里，对流离的民心的归拢并不是一个军事强国需要担心的问题，这一点为秦国的一统减轻了负担，因为其并不需要依靠强有力的文化影响力或者更加长期却见效甚缓的政策去建立一个凝聚力更强的国家，但这也埋下了祸患。这一祸患既是秦帝国瓦解的根由，也是新政权建立的嚆矢。西汉在总结秦国灭亡的原因之后，以儒家思想为主导，对国家政体进行了新一轮的构建，进而形成了稳固的、直到现在都影响颇深的儒法国家的历史结构形态。

　　"西汉与儒法国家的来临"从时间与历史结构形态点明了该书的主题。随着战争的消歇，人心惶惶的时代终于结束，稳定的、能够长久发展的国家政体终于建立。如果说，法家作为历史的遗留，在新的国家结构中继续发挥作用，那么儒家则在西汉时期被赋予新的意义。《儒法国家》称此为"帝制儒学"。这个时期，儒学所服务的对象不再是某个特定的授天命的人或是某种理想化的社会制度，而是成为具有为政权服务性质的权力资源中的一部分。究其原因，相对于其他学说，儒家文化除了具备正统的文化底蕴，还在于其具有一种普适性的等级划分性质，这种划分渗透在社会生活的各个方面，从各个细节去圈定某类人或某个人的生存空间。应当注意的是，这种"圈定"或者说"规定"，并非单纯的掠夺和压榨，它同样为民众预留了生存空间，而且这一空间还存在流动性和交互性。正是因为保证了个人生存空间的流动性，儒家文化才能在国家结构内上下流通；而随着儒家文化的渗入，国家逐渐凝聚成一个无所不在且生生不息的强大的社会结构。

三

笔者将视野转向更广阔的时空，从时间维度出发，对宋、元、明、清等时代所遭遇的宗教、民族问题进行简单的分析阐释；从空间维度出发，对西方世界的社会结构问题浅浅涉猎，以形成对"儒法国家"社会形态更加全面的认识。

稳定政权的建立实非易事。虽然在前文漫长的历史叙事中此形态已成既定事实，但形成过程是曲折复杂、存在很多危机和挑战的。而在其形成之后，虽屡受挑战，却越挫越勇。首先，在宗教文化方面，中国并非完全处于大一统状态下的国家。在长期分裂的魏晋南北朝时期，无论是在政治、经济、军事还是意识形态领域，中国都处于不断变动的状态。这一时期的外来文化似乎有优越的渗入环境，但事实证明，当时盛行的佛教文化逐步表现出本土化倾向，并在唐代完成了本土化——以禅宗的建立为标志。此后的佛教文化更是与当权者的闲散生活挂钩，与正式的国家权力彻底告别。其次，汉文化与游牧民族文化的角力。元朝"未驯的野性"在带来辉煌战绩的同时，也带来了政治参与者——文人团体自始至终的蔑视与排斥。清朝则为另一个例子，它对汉文化的充分吸收为其统治确立了正统性，同时也发展出了相应的国家文化，这一点可以在由意识形态勾连的"清遗民"如王国维等人为代表的文人及文人团体中得到佐证。

在汉民族与游牧民族的相处模式中，赵鼎新先生采取了"动态互动"这一概念。诚然，农耕文明的安土重迁与游牧民族开疆拓土的文化特点是相矛盾的。在长期的历史发展中，汉民族和游牧民族处于一种不稳定的互动过程中。再次，在长期的历史发展中，"儒法国家"的内部也发生了变化，其中以"新儒学"的出现为标志。宋代的文官制度在中国历史上是瞩目的，其中最重要的一点则是余英时先生所提及的，即宋代文人基本上处于与君主"共治"的政治生态中，这对傲慢的贵族制度的消弭与新生的心系天下的文人融入权力中心提供了有力的依托。

由此可见，"儒法国家"名称虽古，但其变化不断，而这些变化促进了中国政治结构进入流动的稳定状态。相对于通过投机获得的事物，文化的积累实在是过于奢侈，但其优质的内核能够为文明的绵延提供优渥的土壤。

最后，市场经济一直是中西方争议的重要问题。简言之，中国长期以来"重农抑商"的政策和社会文化环境中隐性的歧视商人的规定都给商品经济的发展带来了巨大的阻力。对于经过民主革命、宪法改革等一系列变动的西方社会，商品经济已经不再是其社会生活中可有可无的一部分，而是深深嵌入其政治、军事、意识形态的一部分。鸦片战争爆发的根本原因是英国企图夺取原料产地和商品市场，这是一场掠夺性的战争。战争是惨痛的，历史是屈辱的，但不能不深挖其现代意义，以期未来的中国不再遭此欺凌。随着现代经济的发展，商品经济在中国内部发挥着越来越重要的作用，以往碌碌奔波的商人不再是软弱的经济行动者，其身份性质的转变应当引发现代人更深的思考。"儒法国家"的结构虽然不再与现代环境相匹配，但其中的"儒商"精神是现代经济从业者应当学习并传承的。商人不仅是经济行动者，还应当是社会责任的自觉承担者、社会文化的自觉传播者。

《儒法国家》对古代中国社会历史形态的现代性探索是建立在社会学、历史学研究方法基础之上的，其研究内容表现出现代学科互融互渗的特点。该著作提出的"儒法国家"这一社会历史形态是建立在严谨的数据分析及逻辑推理基础之上的。历史常常作为现实的镜鉴为来路的追溯与前路的探寻做铺垫，而新方法的运用揭示了历史的现代意义，为未来学科的发展方向做出了有益的探索。

🎓 作者简介

李露铭，杭州师范大学人文学院中国古代文学专业硕士研究生。

国家制造与社会制造的互动

——浅谈《明代的社会与国家》的理论模型

姜思含

［研读书目版本］

［加］卜正民著，陈时龙译：《明代的社会与国家》，商务印书馆 2014 年版。

卜正民在《明代的社会与国家》一书中提出明代"国家制造与社会制造互动、制衡"的理念，用以反思前人的"中国国家的怀疑论"，并从空间、田野、书籍、寺院四个维度论述这种互动与制衡是如何进行的。卜正民之所以能得出这一系统性、科学性的结论，是因为他高度重视明代的地方志史料。这种研究思路值得重视。

一、卜正民的"互动"理念

（一）国家与国家制造

《明代的社会与国家》的英文原名为 *The Chinese State in Ming Society*，中

文版将原名中的"State"一词译成"国家"。在该书中，"国家"并不是一个政治地理学名词，它不代表国别，也不特指拥有共同文化、民族和领土的社会群体。该书中的"国家"是指"具有领土权以及为确保王朝财富和安全而设计的有秩序地流动着信息、资源和人员的传播体系的强制性系统"[①]。在这个解读中，"领土权"限定了统治者使用权力的地域范围，"确保王朝财富和安全"说明统治者行使国家权力是以长久维护统治阶级利益为根本目的的，而"设计的"和"有秩序地"表示国家权力运行需要"决策者制定—程式化执行"这一过程。同时，"流动着信息、资源和人员的传播体系"说明在行使国家权力的过程中往往伴随着社会资源流动、分配等相关问题，而"强制性系统"点明了国家权力自上而下行使时，需要统治者权威和相应的武装力量来保障。

之前的学者在研究明史时，多避免使用"国家"（state）这个词，而以"政府"（government）或"王朝"（dynasty）等代替。明史学家格里姆·蒂尔曼（Grimm Tilemann）在1985年提出了"中国国家的怀疑论"，认为明代的政治生活不是由组织和法律来规范的，因此明朝不具备欧洲国家所具备的特点。对于这种论断，卜正民并没有直接肯定，而是进行反思后调整假设，努力得出一个不依赖17世纪欧洲经验的方式，即给予"国家"更宽泛的解释，以此来认识中国并验证中国的国家政治文明。在面对西方历史学家通过欧洲政治思想批判中国时，卜正民的论述可谓非常尖锐。他直接提出反问：

> 究竟是前近代欧洲国家和明代行政管理中政治组织运作上的相似性，提升了将它们放在一起比较的分析价值呢，还是它们彼此间的差异太大，以至于将它们放置在不同的类型之中可以使我们得到更好的

---

① ［加］卜正民著，陈时龙译：《明代的社会与国家》，黄山书社2009年版，第4页。

分析价值？[①]

卜正民进一步追溯了"专制主义"（despotism）一词的历史由来和发展演变，直指明史研究领域中存在的偏见，即"无论专制主义的观点在学术上看起来如何条理清晰，其实也只是在西方认同下形成的一个特定的附带产品"[②]。

依托戴维·列文（David Levine）对中世纪晚期欧洲出现的现代性特征的综合分析，卜正民在其对明代的研究中进行了比较分析。在列文所划分的五个历史进程中，第一个就是国家形成。在黑死病暴发之前，欧洲封建制下绝对主义统治机制正慢慢取代契约互惠关系。而在黑死病结束之后，欧洲的集权在自耕农经济受到严重打击的情形下逐渐得到加强。城市的规模不断扩大，自治能力和组织的经济能力不断增长，耕地的扩大及"新学科工艺"的形成等，助推了一种新型社会的形成，同时孕育出一种新的政治体，即按地区来界定统治权，使用法律规范社会，以量化方式和调查为基础组织赋役，教化并任命"行政知识人"进行统治。假如对东西方在不同时空却有相近或相似的历史文化背景加以审视，我们不难发现，这种模式在中国历史上其实早已成熟，且它在中国持续发展，具有明显的权威性和全面性。卜正民由此得出结论，相较于欧洲而言，"国家"在明代的发展是超前的。

在此基础上，卜正民对"国家制造"给出了一个更明确的定义，即国家动用资源来构筑其行政组织并保障其安全，从而构成一种自上而下的统治力。明代社会受最高统治者皇帝的管辖，皇帝拥有最高的权威，他能够对任何社会事务做出决策。百姓体验"国家"，即国家在明代社会中的具体展现形式，是行政体系代表国家在这一体系中的深度下探。行政体系中最低的地方行政层级是

---

① ［加］卜正民著，陈时龙译：《明代的社会与国家》，黄山书社 2009 年版，第 271 页。
② ［加］卜正民著，陈时龙译：《明代的社会与国家》，黄山书社 2009 年版，第 274 页。

"县"，一县中只有知县或县令接受中央政府任命，并有义务向中央政府述职，而"县"以下的"乡""图""里"等层级与民众生活息息相关。因此在民众与国家的交互中，官员往往不会和民众产生高频互动，民众更熟悉的其实是"末端代表人"。这些"末端代表人"既包括乡长、里长、保长等各层级的管理者，也包括在民间有威望、占有更多社会资源、具有动员能力的社会人士，如士绅、乡绅、长老等。广大的民众则从四个方面——赋役体系、教育体系、司法体系和军事体系认识国家，"国家制造"在社会中产生效力也基本体现在这四个方面。

（二）"国家—社会"互动模式

卜正民认为，明代中国最突出的特色不在国家，而在社会。通过阅读大量的方志及民间史料，卜正民敏锐地意识到，在明初洪武皇帝的高度干预之后，受到人口增长、交流网络扩张、商业发展、新批判思潮兴起等的影响，国家不断发生变化。明代的统治者尝试去管理这个复杂的泱泱大国，而不是从根本上重塑它。为了实现对地方的统治，皇帝只能够依赖地方各级管理者，即上文提到的"末端代表人"，而"末端代表人"面对的却是不同于"国家制造"的基层自发进程。对此，卜正民将其定义为"社会制造"。

"社会制造"指的是社会中的不同人群通过结构网络彼此影响，并以他们可获得的有效资源为基础，来创造他们生活的社会环境。这一概念由政治理论家罗伯托·昂格尔（Roberto Unger）提出，其本义是通过权力重组使市民构建一个不再为国家所奴役的民主社会，让"社会"比"国家"更重要。这种"国家"与"社会"的对立思想可追溯至18世纪以来的欧洲宪政传统，如宪政理论家威廉·布莱克斯通（William Blackstone）提出通过对国家的限制来保护人身。沿着这种思路，卡尔·奥古斯特·魏特夫（Karl August Wittfogel）认为中国的"国家"概念远远强大于"社会"概念，并认为"社会制造"不适用于中国。

卜正民严肃地指出，这种理解对分析明代国家与社会的关系没有任何帮助。他跳出"欧洲中心论"的怪圈，基于迈克尔·曼（Michael Mann）"将社会看作各种不同的交叉的社会互动网络，国家只是这些互动网络中的一个"①的论断，将"社会"概念加以外延。这种研究思路可以更有效地将"国家"概念整合到社会史分析中，因此卜正民在研究中大胆提出新论断：明代中国"国家制造与社会制造乃是交迭互动地发生"②。对此，卜正民用了一个非常精妙的比喻来说明这种互动：

> 明代的国家网络能更深地将帝王权威深植于社会之中；同时，我也发现，有一种来自社会网络的，更强的、由下向上的、像毛细血管似的密集的影响的反向流动。这使得国家在构建明代中国之性格时，就相对更具调适性，而不是程式化。③

卜正民在该书的结尾处进一步将这种"调适性"论述为君主政体弹性的表现。

"国家—社会"互动的研究思路统领了《明代的社会与国家》全书。卜正民从"空间""田野""书籍""寺院"四个维度论述这种互动模式，每个维度选取两篇论文，所选文章大多是卜正民多年来关于明史研究的经典旧作。在研究和撰写过程中，卜正民发觉自己的思路被分散，即一方面试图顺着社会权力的线索探讨国家干预，另一方面则顺着国家权力的线索探讨社会重建。他无法真

---

① ［加］卜正民著，陈时龙译：《明代的社会与国家》，黄山书社 2009 年版，第 13 页。
② ［加］卜正民著，陈时龙译：《明代的社会与国家》，黄山书社 2009 年版，第 13 页。
③ ［加］卜正民著，陈时龙译：《明代的社会与国家》，黄山书社 2009 年版，第 14 页。

正在两者间做取舍，而这恰恰印证了"国家制造"与"社会制造"是同时存在且交叠互动的。

自上而下看，正如葛兆光教授评价的那样，该书"颠覆了东方专制主义模式下的明史论述，给出了一个与欧洲经验和历史不同的、有关中国的'国家'解释"①。自下而上看，卜正民的研究论证了明代社会存在国家无法控制的活动空间，这个空间多种多样且存在多个维度，使得对国家的统治无法做到如铁板一块。这是一个具有活力、包含变动与危机、庞大且复杂的社会体系，它无时无刻不在酝酿着直接影响国家统治的风云。

二、明代社会与国家的多维互动

（一）社会治理的空间结构

卜正民的研究首先关注的是明代乡治。明代的乡治包含四项基础制度：一是县内地域空间细分为乡、图等不同层级的制度；二是在里、甲之中划分社区来保证人口和赋役的制度；三是保甲制度；四是乡约制度。根据这些制度划分出来的层级平行叠压，每一级的边界都可能与另一级重合。叠压是明代统治者为加强赋役管控做出的努力，而这种边界的重合是唐宋以来社会基层自我管理系统默默发挥作用和不断调整的结果。

明代国家与社会的互动在乡治层面主要体现为国家根据社会变化和政策迟滞来调整乡治制度。明代初期"乡"的设置继承宋元惯例，作为"县"以下第一级赋税单位。然而在实际操作中，它的功能逐渐弱化，即为新建县提供区划界线，但从未被废除。明后期为了加强赋役管理，又设置了里甲制、保长制、

---

① ［加］卜正民著，陈时龙译：《明代的社会与国家》，黄山书社2009年版，第1页。

粮长制等乡治制度，以更好地适应社会变化。

其中，里甲制最具代表性。最初设置里甲制的目的是将民户组织起来为国家服役。在这种强制性的社区中，每个"里"实际取代了乡的地位和作用。但是，由于里甲制在户数上进行严格的控制，所以很难长期实行。随着管理效率的降低，到16世纪，里甲制已逐渐弱化。人口数量和土地数量的不平衡使得"里"在"一条鞭法"的实施下很难发挥作用。因此，在地方统计赋税时，"里"逐渐从人口单位转变为地区单位。保长制也经历了变化。与"里"的功能弱化相反，"保"的功能加强，涉及安全的各项事务。至17世纪，"保长制"已替代"里甲制"融入乡治体系中。这是社会自我调整反作用于国家乡治制度的例证。

除此之外，还有一个虽未曾被国家正式提出却一直存在的乡约制度，也常常为地方官所用，即"约"。地方官将一百户编成一"约"，订立乡约，依托乡约反复输出社区认同与责任感，以期在执行国家任务时有更强的执行力。然而乡约渐渐与保甲重合。明人曾担忧这样的乡约很容易落入保甲官员的掌控中，但他们提出的修改意见从未被采纳，因为这些修改意见脱离实际而无法实行。在这些制度的建立与演变中，社会力量与国家力量保持着微妙的平衡。

如果说明朝的乡治制度是地方治理的抽象理念，那么方志图则是国家社会管理体系的具象体现。然而在具体实施时，方志图因社会现实条件而面临一系列挑战。地方社会的生命力和封闭性给国家基层管理者带来的挑战主要体现在以下几个方面：第一，资料信息迟滞，朱元璋规定的"大造之年"为每隔十年，而由叶春及召集绘制、于1573年之前完成的《惠安方志图》已有四十年未更新；第二，县外干预效力低，四十年间国家对惠安地区的管制效力低下，惠安百姓在日常生活中对"末端代表人"以及自我治理的依赖可想而知；第三，制图方法不科学、不统一，叶春及召集三十多位邑老参与方志图的编订与绘制，但绘制的地图与现实情况完全脱节。

在此情况下，叶春及经过多年的实地勘察和详细记录，完成了体例全新且全面记载惠安地区地理民生的《惠安政书》。事实上，正是基层管理者的身份给了叶春及研绘地图的机会，而政治边缘化的遭遇给他提供了掌握先进绘图知识的时机。然而，这种机运是难以复制的，因为非此身份与遭遇的人，几乎不可能拥有这样的地理学视野与绘图目标。从某种程度上说，是国家和社会双重历史任务，造就了叶春及与他的《惠安政书》。

（二）"一条鞭法"等田野治理机制

从第三章"江南圩田及其税收"中，我们能看到社会民众自主开发反作用于国家经济制度的技术。圩田是指百姓通过堤坝将河畔或河边淤积层围起来，将其垦为耕地。圩田的优点是圈地种植成本低，把荒地变良田。缺点是易受台风影响，易受损失；易淤塞河道，影响船运；容易使水位抬高，冲毁低地农田等。国家对圩田是"禁止"还是"鼓励"，取决于当地的环境。随着江南圩田经济的不断发展，财政对圩田的依赖度持续上升。原本圩田隶属于乡治单位，后发展为乡治单位隶属于圩田。由于圩田是自垦自占，明初以每户成年男子数量为基础来计算赋役的制度，在江南就不公平了，因为圩田的维护、修缮需要大量劳力，同时还有许多付很少的钱在他人修建的圩田上进行垦种的情况。那些土地很多而成年男子很少的家庭，只承担很轻的劳役。最终，"一条鞭法"施行，其以土地而非成年男子为役的基础，结束了这种不公平。常熟县（今常熟市）的基层管理者冯汝弼建立了一套独立的以圩田为基础的核算体系，形成"区—圩双轨制"，这是国家政策适应基层社会的突破性调整。

冯汝弼高效的双轨制并没有被江南有更多圩田的地区采纳。国家的"一条鞭法"在全国推行缓慢，效果堪忧。地方官员为维护圩田，对劳役征收方法的调整持续不断。这既是精英地主阶层缺失、忽视社区责任的后果，也是明朝晚期国家失去统管地方事务能力的体现。

北方种植水稻，是统治者消除环境阻碍、改变条件、利用规律的实践活动，也是国家运用社会经济发展规律的尝试。为了确保北方乃至全国的粮食供应和水源稳定，兴修水利、南稻北种是明清两代的突破性国策。这一国策的实施效果在雍正统治期间达到最佳，之后很快衰落下去。卜正民总结了在北方推广水稻种植受到阻碍的原因：集约化耕作不适应北方种植生态；水供应不足，缺灌溉系统，且蓄水困难；地形不便水库建设；缺乏水稻生产知识和工具；缺肥；饮食文化习惯不同；耕作者担心威胁土地占有权；等等。卜正民接受徐光启的意见，认为水稻推广受到限制的主要原因不是技术问题，而是社会问题。万历、雍正年间的成功是特殊的、不可复制的。王朝末期，国力无法消除社会阻碍，也无法投入足够的资源展现国家改变社会行为的价值。国家对社会的掌控能力与国力直接相关。

（三）藏书楼与文化空间

在第五章"明中期的藏书楼建设"中，卜正民从五个问题及答案中梳理了关于藏书楼的内容。第一，藏书楼收藏什么？图书，主要为官刻图书。朱元璋面向五类人开展关于书籍的文化生产：一是官员，教他们遵守法规礼仪；二是官学生，向他们传授程朱理学；三是僧人，通过书籍学习佛法；四是百姓，让他们了解农业社会的简单原则；五是皇亲贵胄，主要是他的儿子，通过编纂《公子书》教子。后永乐皇帝下令编修《永乐大典》。上述相关图书都由朝廷刊刻，由工部负责。皇帝通过管控这些书籍的内容和版本，确立自己的统治权威。藏书楼也收藏商业书籍，但这不是主要藏书。以地方藏书楼为例，主要藏书有：四书五经、性理大全及朱熹集注，有关法律的、行政的、礼仪的文献，道德说教书册，历史地理著作等。它们都是由朝廷刊行的。第二，藏书楼建在哪里？收藏书籍的官学之中。因为官学是统治者直接管控的文化传播场所，所以官学能够最快、最便捷地获取宫廷刻书，体量最大。第三，藏书楼建成什么样的？独体建筑。这就决定了它造价不菲，规模较大。第四，谁来修建藏书楼？对于地方官学的藏书楼来说，地方官是第一负责人。有时地方士绅也会捐资修建。第五，藏书楼内的藏书象征着什么？卜正民认为象征着文本的权威。

地方官员对于其治下藏书楼的修建与维护有着不可推卸的责任，对于作为国家财产的朝廷颁降书籍有监护之责。负责教育的地方官还要主动提出藏书楼的修建，这对当地的科举成绩有很大帮助。藏书楼也要面对其他机构的竞争，如寺院、书院等。可以说，藏书楼是官员政绩的体现，也是国家管理社会的文化措施。为修建藏书楼筹资、做规划，就是每个地方官员的责任与义务。这时士绅的慷慨解囊则是对基层工作的大力支持与帮助，而修建藏书楼也成为士绅构建精神领地、寻找归属感与认同感的重要方式。

当我们提到藏书楼不只收藏官刻书籍时，就需要将目光转向明代非常有文化影响力的商业书籍。明清两代对书籍的查禁无疑是针对商业书籍的。明清后期对书籍的查禁并不成规模，只是图书检查的萌芽状态。证据有三个：第一个是明清没有专门的国家监察机制来应对广阔市场上的商业书籍，缺乏处理违禁书籍的汇报和反馈程序。因此地方各级官员面对需查禁的书籍时，往往是无为的。第二个是没有法律条文对各类违禁书籍做出清晰的界定和处罚。《大明律》中有针对"妖书"的编著与收藏条款，仅次于"谋反大逆"和"谋叛"，但只言片语不成体系，无法应对繁复多变的书籍市场。"法律文本的变化，总是落后于变动着的社会现实及法律实践。"①

前两个证据都是从上向下看的，第三个证据则是从下向上看的，即印刷术的普及和出版业的繁荣使得图书贸易日益蓬勃兴旺。政府缺乏可以与出版界交流的机构，只能实施临时监管，即把文字狱发展成官僚体制的一部分，但追踪商业网络中所有的联系极其困难。许多曾被查禁的书籍，我们今天仍然能看到。

---

① ［加］卜正民著，陈时龙译：《明代的社会与国家》，黄山书社 2009 年版，第 182 页。

（四）寺庙与社会信仰

卜正民在第七章"在公共权威边缘：明代国家与佛教"引入"公共权威"的概念，来代替"国家控制"，以打破国家的绝对霸权。对寺院的打压说明了这一观点。权力资源主要为国家所有，而公共权威"源于国家与社会的互动"。[①] 明朝针对寺庙制定了一系列政策、制度，目的是防止公共权威随着新的政治可能性而发生偏差或被误用。《大明律》中有涉及宗教的规定。如户律规定，禁止私创庵院、私度僧尼，禁止僧人结婚。又如，礼律禁止异端邪术。卜正民提取出这些条款背后的两个基本原则：一是宗教机构有纳税义务，受赋税制度的严格控制；二是必须符合公共利益。这背后的原因是，国家保留决定公共利益的权力，在国家管控下不符合公共利益的会被打压，而宗教有可能危害公共利益。

明初十年来朱元璋为巩固统治而对寺庙进行的捐赠和修缮，在1380年后都成为朱元璋的顾虑。佛教及相关场所是新的、潜在的、不稳定且相对独立的领域，需要严加监察。自此，国家对寺庙有两种认识：一是认为它能为国所用，将其和儒道并举，以建立公共权威，承担国家教化责任；二是将它视作公共权威的分转者，予以边缘化，与世俗隔绝。社会精英阶层对其的认识也分为两种：一种认为寺庙是逃避社会责任的避难所，佛教可以被用来愚弄欺骗百姓；另一种则认为佛教构成了"另一个可供选择的社会集体，构成一个与国家主导的社会领域相分离但又互相补充的领域"[②]。在第八章"国家体制中的佛教：北直隶的寺院记载"的论述中，卜正民将持后一种认识的社会精英剥离出来，阐释其士绅身份，分析其在佛教寺庙修建中做出的贡献。可以说，士绅维护佛教的成功反衬出了国家打压佛教的失败。士绅通过捐赠支持寺庙建设，达到个人营造归属感、认同感并实现群体集会的目的，实现其在国家之外维护自身阶级的公共权威的理想。佛

① ［加］卜正民著，陈时龙译：《明代的社会与国家》，黄山书社2009年版，第208页。
② ［加］卜正民著，陈时龙译：《明代的社会与国家》，黄山书社2009年版，第240页。

教在这一层面上被赋予独特的社会功能。卜正民以佛教作为切入点研究国家和社会的互动，原因正如他在第七章结尾处写的那样，"它揭示了明代国家所能容忍的社会 / 国家关系的变化范围。国家的保护、打压、容忍，都会影响到佛教的社会地位和寺院经济能力。但是，寺院的命运，最终取决于它在自身所处的社会网络中的地位"①。这个地位是通过公共权威的分转、士绅及民众的依赖产生的。

三、卜正民的地方志研究

不同于常见的历史研究著作，《明代的社会与国家》并不以二十四史等官方史料为基本材料，该书更多使用地方志等史料。卜正民认识到，统治者组织编写的历史资料如《明实录》等，总是与社会、民众太远，且往往从国家这个宏大的立场出发，而地方志在很大程度上弥补了这一点。

地方志是在地方官的监修下完成的，包括地理、行政、传记等内容，这些内容详细地记录了社会基层治理情况和民众的生存条件及生活状况。卜正民在该书第二章"叶春及的方志图"中引用黄柳红《福惠全书》里的话："一为披览（地方志），则形势之奥衍厄塞，租庸之多寡轻重，烟户之盛衰稀密，咸有所稽。"②地方志能够清晰具体地展现当时社会一方百姓的基本生活状态、经济结构、政治环境、文化活动等。当我们研究中国社会，尤其是深入探究中国社会对国家统治的反作用时，地方志的具体准确和高度概括性是其他的史料无法替代的。

同时，卜正民注意到，地方志有不可完全依赖之处。他坦言："地方志对于社会真实性的定位，既具体又抽象。一方面，在编纂地方志时地方官员依赖于地方实践；另一方面，地方志却也经常不得不杜撰一些材料，以便使本县的制

---

① ［加］卜正民著，陈时龙译：《明代的社会与国家》，黄山书社 2009 年版，第 235 页。
② ［加］卜正民著，陈时龙译：《明代的社会与国家》，黄山书社 2009 年版，第 67 页。

度看似体现着国家政策。"① 这时，如何去判断、归纳、解读这些史料就显得尤为重要。我们可以从卜正民的著作中感受到，他非常善于辨别材料中数据的真伪，区分国家基层管理者在地方志中为迎合制度或政策做出的记录与符合当地实际情况的记录。比如在第一章"乡治的空间组织"中，其依靠对地方志内容的分析判断梳理了明代乡治制度的发展历程，捋清了各级行政单位的演化及各层级制度的转变。此外，卜正民对地方志本身的研究在《明代的社会与国家》一书中时时可见，如在第二章"叶春及的方志图"中，他清晰地认识到，中国知识分子对地理学、地图绘制学等学科的概念与西方截然不同。中国经世致用的思想根深蒂固，成为各类自然学科无法在明代中国广泛推广传播的重要原因。此类例子还有很多。

对地方志的深入研究和运用一直是卜正民进行历史研究的主要方式。他的著作《为权力祈祷：佛教与晚明中国士绅社会的形成》和他主编的《哈佛中国史》等，都将地方志作为主要材料并展开分析和讨论。葛兆光在《哈佛中国史》的推荐序中说："西方学者虽然不一定能够看到最多或最新的资料，但他们善于解释这些新史料，并且有机地用于历史叙述。"② 这一点值得我们年轻研究者学习借鉴。

🎓 作者简介

姜思舍，女，杭州师范大学人文学院中国古代文学专业硕士研究生。

---

① ［加］卜正民著，陈时龙译：《明代的社会与国家》，黄山书社 2009 年版，第 28 页。
② ［加］卜正民著，王兴亮等译：《哈佛中国史》，中信出版社 2016 年版，第 6 页。

作为工具而非信仰的宗教

——评卜正民《为权力祈祷：佛教与晚明中国士绅社会的形成》

姚佳怡

［研读书目版本］

［加］卜正民著，张华译：《为权力祈祷：佛教与晚明中国士绅社会的形成》，江苏人民出版社2005年版。

《为权力祈祷：佛教与晚明中国士绅社会的形成》（以下简称《为权力祈祷》）是加拿大汉学家卜正民的社会学专著，其英文版于1994年由哈佛大学亚洲中心出版。虽然该书副标题是"佛教与晚明中国士绅社会的形成"，但实际是以佛教寺院的捐赠为切入点，研究晚明士绅与地方社会、中央政权的互动关系。该书的研究与作为宗教信仰的佛教并没有直接联系，佛教对晚明士绅而言只是一种工具——用来对抗儒教正统或表达对前朝的忠诚。《为权力祈祷》的研究总体围绕对佛教寺院的捐赠。捐赠行为只是表层现象，探究其内部，可深入挖掘士绅心理和社会变化，而这在书中只是有所提及，没有形成系统论述。

《为权力祈祷》一书分为导论、主体论述、结论三部分。在导论中，卜正民引出了所要探讨的问题，并框定了讨论范围。主体论述部分总体按照佛教与士绅的关系、捐赠行为分析、捐赠个案介绍三部分展开，其中第六章"士绅为何捐赠寺院"相对重要。卜正民在第六章中对士绅捐赠寺院的原因（包括但不限于宗教、社会和文化因素）进行了全方位的分析，这一章内容对我们理解士绅的捐赠行为有很大帮助。在最后的结论部分，卜正民根据主体论述部分归纳出"国家与社会的分离"这个结论，对主体论述进行了总结和升华。

一

在导论"寺院捐赠和士绅：问题"的开头，卜正民即申明了该书不是对佛教信仰的内部研究："从个体感知的深层意义上说，对佛的信仰就是人的自我觉解，但这是一种着重心理影响的过于复杂的知识，本研究难以解决。"[1] 这就意味着卜正民主动脱离了对佛教深层教义的探讨。但对佛教教义进行讨论是必要的，这涉及"为什么是佛教"的问题，即为什么士绅选择捐赠和加入的是佛教，而不是道教或其他民间信仰。卜正民注意到这一问题的重要性，他在结论部分的"佛教和晚明士绅"这一小节当中提到了佛教对待钱财捐赠的开放态度："财富是通过业力重新分配（即再分配）而分配的，富人只不过享受前世善业的果报。"[2] 佛教教义对捐赠行为的影响还有很大的研究空间，此外，佛教在中国民间的地位也应当被纳入讨论。如果忽略这些涉及佛教本身的关键点，那么对捐赠行为的分析只是外围研究。外围研究也有价值，但总让人有"隔靴搔痒"之感，所以这绝不是可以跳过的内容。卜正民跳过了这一环，就导致他研究的出发点并不是"佛教"，而是"宗教建筑"。

---

① ［加］卜正民著，张华译：《为权力祈祷：佛教与晚明中国士绅社会的形成》，江苏人民出版社2005年版，第1页。

② ［加］卜正民著，张华译：《为权力祈祷：佛教与晚明中国士绅社会的形成》，江苏人民出版社2005年版，第318页。

在导论中，卜正民多次框定研究范围："本书既非讨论宗教，也不是讨论宗教的内设机构，而是讨论宗教公共机构和社会之间互动的一种普遍模式。"[①]尽管卜正民一直在强调他研究的主题，但读者依旧很难抓住该书的研究重心。卜正民提到了同时代学者对《为权力祈祷》研究主题的疑问，并做出回复："在1993年本书英文本出版时，同时代的学者们都不能肯定我是想对明代的佛教史做研究，还是打算对明代的社会史做研究。我本人喜欢把此看作两者皆是。如果不考虑佛教研究和实践的现实世界背景，它就无法被理解。同样如此，佛教的论题如果被排除在研究之外，明代尤其是士绅社会世界也就不可能被完全认识。几年内，研究晚期中华帝国的西方学者开始拆除宗教研究和社会研究的樊篱，接受了我的研究方法。"[②]卜正民的解释并没能解决研究主题不明确的问题。可以既研究佛教又研究社会，但卜正民并没有处理好这两个主题之间的关系，两个主题在正文的论述中得到了体现，但都没有一个清晰的脉络。此外，宗教研究和社会研究之间似乎并不存在樊篱，至少在20世纪末不存在樊篱——而且这也不是学者们质疑的重点。

既然《为权力祈祷》不是对佛教的内部研究，那么将"佛教与晚明中国士绅社会的形成"作为书的副标题就有一定的误导性。该书的英文名为 *Praying for Power: Buddhism and the Formation of Gentry Society in Late-Ming China*。这个副标题的中英文表述都让该书看上去是一本宗教社会学著作，但其内容与佛教并无直接关系，而是以士绅捐赠佛寺为切入点的晚明社会研究。

假如要给《为权力祈祷》想一个新的副标题，"佛教寺庙捐赠与中国士绅社会的形成"是一个方案；但这并不完全合适，因为这本书并不是在探讨捐赠行

[①]　［加］卜正民著，张华译：《为权力祈祷：佛教与晚明中国士绅社会的形成》，江苏人民出版社2005年版，第2页。

[②]　［加］卜正民著，张华译：《为权力祈祷：佛教与晚明中国士绅社会的形成》，江苏人民出版社2005年版，中文版序言第3—4页。

为和士绅社会形成的关系，而是在关注社会变化导致的士绅阶层构成的变化，以及由这些变化引发的士绅捐赠行为。正是因为从该书中很难提炼出一个清晰的论述重点，所以卜正民采用了这样一个有歧义的副标题。

《为权力祈祷》的导论部分共有四个分论点（小节），分别是"士绅研究史学""佛教与士绅""士绅社会和公共领域""佛教寺院的变动着的社会环境"。其中，"士绅研究史学"部分引用了韦伯、马克思、黑格尔等人对中国社会的研究，并指出西方学者在对中国的认识上存在的问题。卜正民在这一部分还解释了他选择寺院作为研究对象的原因："尽管在士绅公益事业的研究中还有许多事要做，但笔者单单集中研究寺院，是因为在所有士绅的地方追求中，向寺院捐赠赋予寺院一种独特的文化意义，表明了笔者所认为的晚明士绅社会趋向自治的特性定位。"①"佛教与士绅"归纳了晚明社会存在的四组对立关系：佛教和儒教、政治权力和经济权力、国家和地方以及公与私。这四组对立关系的隐显程度各不相同，且彼此交织。这四组关系的中心是国家和地方，其他的对立关系都与之直接关联。在这部分，卜正民还从词汇变化的角度分析乡绅阶层的萌芽：原本"士绅"一词不带有任何地方化特征，但从万历朝开始，出现了"郡绅""邑绅""乡绅"等词，这标志着士绅阶层的新变化——他们逐渐和地方建立起更多的联系。②

在"士绅社会和公共领域"这一小节中，卜正民指出，前面所列的四组对立关系反映出晚明地方上出现了士绅社会——处在官方和民间私人领域之间。晚明士绅社会在地方上有很大的影响力，士绅阶层对地方社会的主宰力量在历史上并不常见，因而作者认为："从历史上看，这样定义的士绅社会是晚明所特

---

① ［加］卜正民著，张华译：《为权力祈祷：佛教与晚明中国士绅社会的形成》，江苏人民出版社 2005 年版，第 13—14 页。

② ［加］卜正民著，张华译：《为权力祈祷：佛教与晚明中国士绅社会的形成》，江苏人民出版社 2005 年版，第 15 页。

有的。"①卜正民之所以提出"士绅社会"这一概念，是因为受到了哈贝马斯"公共领域"理论的启发。但因为中国社会的实际情况与欧洲并不相同，他最后使用了"士绅社会"这一概念，而不是"公共领域"。②根据卜正民的论述，士绅社会与公共领域的区别主要有两点：一是士绅社会既包括士绅的公益事业，又包括他们所从事的其他文化活动；二是晚明士绅活动具有排他性特征，既排除非精英又排除非士绅。总之，在"士绅社会"这一概念中，士绅的主体性得到了凸显。

导论的最后一个分论点"佛教寺院的变动着的社会环境"首先讨论了佛教寺院在公与私之间的关系、不同朝代佛教与官方权力机构及其所代表的儒教之间的关系，接着引出对晚明士绅寺院捐赠浪潮的讨论。卜正民在该节开头指出："像士绅一样，佛教寺院也有公与私之间的一种复杂关系。一方面，由国家定义的公共领域把它们排除在外；但另一方面，它们在地方社会上又构成了一个开放的公共空间。"③佛教寺院作为"地方社会上开放的公共空间"是士绅选择对其进行捐赠的重要原因。这种公共空间需要具备三个方面的特征：第一，能够为士绅内部的联结提供场所；第二，能够建立士绅阶层和大众之间的联结；第三，在文化上能够与官方意识形态对抗。佛教寺院很好地满足了以上要求。从卜正民将佛教寺院作为一种空间的论述可以联想到四川的茶馆以及盘踞其间被称为"袍哥"④的权力组织。茶馆同样提供了一个公共空间，但与茶馆相比，佛教寺院还能够提供思想上的对抗性力量，即卜正民在导论第二小节

① ［加］卜正民著，张华译：《为权力祈祷：佛教与晚明中国士绅社会的形成》，江苏人民出版社 2005 年版，第 22 页。
② ［加］卜正民著，张华译：《为权力祈祷：佛教与晚明中国士绅社会的形成》，江苏人民出版社 2005 年版，第 24 页。
③ ［加］卜正民著，张华译：《为权力祈祷：佛教与晚明中国士绅社会的形成》，江苏人民出版社 2005 年版，第 26 页。
④ 此问题可参考王笛对 20 世纪 40 年代四川地区"袍哥"组织的相关研究。

"佛教与士绅"中谈到的"以佛教对抗儒教"。在卜正民的关注点之外,还有一个问题不容忽视,即佛教在中国世俗文化中的地位和作用。佛教在世俗文化中的重要地位以及佛教寺院的社交属性,是士绅能够通过这一空间与民间建立联系的关键。所以,卜正民直接舍弃与"作为宗教的佛教"有关的角度是非常可惜的。

二

《为权力祈祷》的主体论述部分包括"佛教的文化""寺院的捐赠""捐赠的地方个案研究",共九章,向读者展示了丰富的史料。

第一章"张岱的激情生涯"讲述了张岱与佛教的故事,作为全书论证的引子。"张岱作为穿着佛教袈裟的失败的明遗民、一个削发的儒士、一个寄居在寺院的学者而继续生活了 43 年。"①张岱与佛教的关系具有典型性,张岱并没有虔诚地信仰佛教,其他士绅选择佛教同样也并不是因为其教义。以故事引出论题似乎是海外社会学家、历史学家写作的共同点,这种方式的好处在于能让读者快速地进入书中将要讨论的历史语境。讲完故事,卜正民提出了接下来要讨论的问题:"张岱这个阶级的人究竟在做些什么?他们为什么要把这么多财富捐赠给寺院?这种冲动之下隐藏着什么忧虑吗?他们渴望得到什么呢?"②

第二章"函盖相合,冰炭不容:融通佛教"主要讨论了本着儒家世界观的士绅为什么接受佛教。从儒家哲学的角度看,佛教与儒教的互动使二者融合。16 世纪初,王阳明"成功地转换了儒家哲学的中心,摆脱了与朱熹有关的僵固的原则

---

① [加]卜正民著,张华译:《为权力祈祷:佛教与晚明中国士绅社会的形成》,江苏人民出版社 2005 年版,第 51 页。
② [加]卜正民著,张华译:《为权力祈祷:佛教与晚明中国士绅社会的形成》,江苏人民出版社 2005 年版,第 54 页。

（理），倡导更加注重人心和良知、良能"①。从士绅主体角度看，原因就比较具体了。比如士绅们发现传统仕途竞争过于激烈，而有钱的话，不当官也能生活得不错，于是逐渐脱离理学的控制转向佛学。卜正民推测："也许，佛教吸引着他们，是因为佛教超越了儒家的思想藩篱。佛教谈论超越人类尺度之外的问题，将修养的核心从儒家所崇尚的社会角色转向了个体自我。"②这一章将佛儒融合的过程分为四个阶段：第一个阶段，理学内部开始转向，理学家们主动吸收佛教思想；第二个阶段，在王阳明心学的推动下，"后起理学思想家继续吸收佛教的思想成分到他们的哲学中去，以至于几乎泯灭了儒佛两家思想学说的界限"③；第三个阶段，即17世纪初，儒教思想再次趋于保守，佛教和儒教之间重新竖起高墙；第四个阶段，即17世纪中叶，在士绅群体中融通逐渐占据上风。这一章对儒佛融合过程中的典型人物和思想做了介绍，信息量非常大。

第三章"一杯新茗听经时：士绅文化中的佛教"首先从县志、寺志、通俗小说等材料中了解佛教与士绅文化的交织情况。其次，在"佛教的修持和礼仪"这一小节区分了士绅与真正的佛教徒。为说明这一点，卜正民引述了张问达对李贽的弹劾："张问达在他弹劾李贽的奏本中列举诵经、念佛、膜拜和奉僧这四种活动作为士绅参与佛教的实践。他认为这些活动不是真正虔诚的迹象而是士绅为他们自身的娱乐而采用的自我欺骗的姿态——是文化的而不是宗教的姿态。""对张问达来说，他们愿意赞成佛教修持是对抗儒家实践的一种选择。"④

---

① ［加］卜正民著，张华译：《为权力祈祷：佛教与晚明中国士绅社会的形成》，江苏人民出版社2005年版，第57页。

② ［加］卜正民著，张华译：《为权力祈祷：佛教与晚明中国士绅社会的形成》，江苏人民出版社2005年版，第57页。

③ ［加］卜正民著，张华译：《为权力祈祷：佛教与晚明中国士绅社会的形成》，江苏人民出版社2005年版，第64页。

④ ［加］卜正民著，张华译：《为权力祈祷：佛教与晚明中国士绅社会的形成》，江苏人民出版社2005年版，第98页。

此外，该书第二章提到王弘撰对李贽的批评，他认为李贽既没有作为儒者该有的责任意识，也没有作为僧侣该有的对佛教的坚定信念。[①] 张问达和王弘撰的结论很好地体现了佛教之于士绅到底是什么。"居士会社的组织"一节的关注点是"佛教信仰提供了士绅能聚会并从事广泛爱好的文化实践的一种境域……居士会社构成了士绅社会能由此发展成范围宽广的共同利益的组织的一个基点"[②]。这一章还谈论了游记、诗歌、绘画等文人创作中的佛教世界和士绅如何利用寺院空间讲学及学习借鉴佛教讲经的方式。最后一节是"士绅变成僧侣"，虽然大多数士绅并没有虔诚地信仰佛教，但还是有士绅出家的情况。士绅削发为僧的原因是多样的，比如把"成为僧侣"作为一种谋生的手段以及从仪态上蔑视清朝的辫子发型，等等。通过这一章，读者可以对佛教在晚明士绅文化中的意义有大致了解。

第二部分"寺院的捐赠"首先介绍了鼎湖山庆云寺的发展历程（第四章），从中折射出士绅捐赠对修建佛教寺院的影响，以及士绅和僧侣之间的密切联系。接着引出这部分将要讨论的两个问题：士绅怎样捐赠和为何捐赠。从表面上看，捐赠就是指金钱支持，但实际上的捐赠行为要复杂一些。根据第四章的论述，捐赠包括用于修建和维护寺庙的钱财，还包括土地的捐赠，这里的土地不是指寺院建设用地，而是指能够为寺院提供稳定收入的田产。此外，为寺院写诗作文也是一种捐赠方式，寺院借此能够提高声誉。第五章最后一个小节还论述了捐赠的历时性趋势，即不同时期士绅捐赠数量的变化。卜正民认识到，士绅的捐赠行为本质上是与社会结构联系在一起的，甚至具有不受朝代更迭影响的连续性。直到18世纪，社会结构的变化导致地方精英生活发生了变化，才使得士

---

① ［加］卜正民著，张华译：《为权力祈祷：佛教与晚明中国士绅社会的形成》，江苏人民出版社2005年版，第83页。
② ［加］卜正民著，张华译：《为权力祈祷：佛教与晚明中国士绅社会的形成》，江苏人民出版社2005年版，第105页。

绅减少了对寺院的捐赠。

第六章讨论了士绅捐赠的动机。捐赠实际上是一种各取所需的交易。当我们充分接受这一点时，就能从世俗的角度去理性分析捐赠行为了。"从性别看捐赠"论述了明代女性对寺院捐赠的影响。卜正民透过现象看本质，他发现表面上明代男性表面上宣称自己是受到母亲或妻子的影响而捐助寺院，而实际上通过这种操作，男性捐赠者"得以维持他作为一个政治上正确的儒家的公共身份，而使他本人远离令人质疑的佛教信仰的领域"①。这一部分关于对明代女性地位的讨论十分精彩。从捐赠行为引出对性别权力关系的思考，这虽然与该书主题无直接联系，但能帮助读者全方位地了解明代社会。第六章还讨论了宗亲关系对捐赠行为的影响，以及宗教性的、社会性的、文化性的影响因素。之后"社会的网络"一节讨论了对募捐行为最具影响力的因素。虽然寺院方面会写一些劝募文来"拉赞助"，但卜正民指出，劝募文中的论点并不能确保有钱人进行捐赠，"不管这种逻辑在思想形态上是多么有说服力，也无论这种逻辑是引发宗教的信仰还是赞美珍贵的文化价值，在募求资金和积极响应之间总是横亘着一条鸿沟。确保架通鸿沟的唯一有效的方法是私人关系"②。从这一部分的论述中可以了解到，寺院捐赠能够帮助士绅构建起一个排外的社会网络，这推动了晚明士绅社会的形成。此外，捐赠行为背后还有士绅宣扬自己身份的意图，捐赠寺院的士绅会获得荣誉性的头衔。第六章最后还讲到了商人进行寺院捐赠的行为，将士绅捐赠与商人的慈善捐赠进行了对比。

该书第三部分是地方捐赠个案研究，共讨论了三个县——诸城县（今诸城市）、鄞县（今鄞州区）和当阳县（今当阳市）进行寺院捐赠的情况。这三个地

---

① ［加］卜正民著，张华译：《为权力祈祷：佛教与晚明中国士绅社会的形成》，江苏人民出版社 2005 年版，第 187 页。

② ［加］卜正民著，张华译：《为权力祈祷：佛教与晚明中国士绅社会的形成》，江苏人民出版社 2005 年版，第 209 页。

方的社会环境存在巨大差异，作者采用类似于控制变量的方法，对照分析了一些具体因素对捐赠的影响。

三

《为权力祈祷》的结论部分对前面的史料进行了总结和升华。结论部分的标题是"国家和社会的分离"，卜正民在导论中的"佛教与士绅"一节就提到国家与社会的分离，这种分离体现在晚明士绅身上就是他们违背了理学理念对他们的期待，转而"信奉佛教，追求经济的而非政治的权力，把地方利益置于国家利益之上，倾向于一个扩大的私人领域，阻止国家对公共权威的独裁。"[①]从"阻止国家对公共权威的独裁"这个角度看，晚明士绅是否真的有这样的意图，或者说在多大程度上自觉阻止国家对公共权威的独裁，还值得商榷。仅凭该书所提供的材料还不足以证明这一观点，这或许只是作者"一厢情愿"的猜想。

"晚明隐士的理想"一节讨论了晚明士绅社会风气的改变，即"士绅不愿意从现有的教育课程里受业或者不愿将官僚政治服务视作最高的成就"[②]。卜正民认为引起这一变化的最根本的原因是商业化使得精英生活的社会环境发生了变化。按照明初统治者的构想，社会应该是一个自给自足的经济体，不受商品交换的影响，从而避免大地主精英的出现，但社会的发展显然脱离了这一设想。商品交换的发展导致土地分配不均，此时原有的税收制度（即以户为基础而非每户所拥有的土地数量为基础的估税制度）已经不再适配实际情况。这部分的论述没有涉及土地具体是怎样被买卖的，关于"士人更有优势去获取土地的所

---

① ［加］卜正民著，张华译：《为权力祈祷：佛教与晚明中国士绅社会的形成》，江苏人民出版社 2005 年版，第 312 页。
② ［加］卜正民著，张华译：《为权力祈祷：佛教与晚明中国士绅社会的形成》，江苏人民出版社 2005 年版，第 314 页。

有权"的论述也是一笔带过，但我们大致能想见当时的情况：一个以土地为基础的士绅阶层开始兴起，意味着官方对地方的掌控能力变弱。这种社会结构变化构成了精英身份的文化建构变迁的基础①。明代学者面对这一变化，慨叹的是士绅不再渴望接近国家权力中心，以及由此带来的对公共讲学和学术发展的不良影响。而卜正民注意到，这些变化本质上体现了中央和地方之间的权力较量。在"晚明隐士的理想"这一小节的末尾，卜正民将话题引回了佛教："晚明对儒家精英的生活和思想中佛教所占位置的争论必须被确切地视为争夺权力的一个领域。"②这句话有些拗口，其实就是在讨论佛教对晚明士绅意味着什么，即佛教之于晚明士绅并不是宗教信仰，而是用来与官方权力抗衡的工具。

　　"佛教和晚明士绅"一节总结了士绅捐赠行为的发生及原因，这一部分稍微联系了佛教的一些教义，从佛教信仰出发解释士绅为何选择佛教。但教义只在捐赠行为的初始阶段产生了影响，最终"士绅捐赠佛教寺院只不过是以一种较间接的方式利用国家坚持其自身所应有的权力"③。捐赠行为本质上与信仰无关，而只关乎权力。这一小节提及了"隐退"这个关键词，卜正民以东林党为例，指出他们退出国家权力机构之后，试图借助佛教的力量实现自治。这就引出了寺院捐赠的一个重大意义（也可以看作这一时期捐赠行为的直接目的），即"为士绅的自治组织提供了一个地方的论坛"④。佛教寺院在此成为私人领域和地方公共权威之间的中间地带。卜正民在结论部分试图从历史视角出发"揭示晚明

①　［加］卜正民著，张华译:《为权力祈祷：佛教与晚明中国士绅社会的形成》，江苏人民出版社 2005 年版，第 316 页。
②　［加］卜正民著，张华译:《为权力祈祷：佛教与晚明中国士绅社会的形成》，江苏人民出版社 2005 年版，第 316 页。
③　［加］卜正民著，张华译:《为权力祈祷：佛教与晚明中国士绅社会的形成》，江苏人民出版社 2005 年版，第 318 页。
④　［加］卜正民著，张华译:《为权力祈祷：佛教与晚明中国士绅社会的形成》，江苏人民出版社 2005 年版，第 319 页。

寺院捐赠的历史意义，思考国家与社会分离的问题"①，所以这部分不仅讨论了晚明的情况，还涉及晚清和晚宋。"晚明与晚宋"和"晚明与晚清"两节简要介绍了这三个不同时期的相关情况及其异同，为比较研究提供了思路。

回到书名"为权力祈祷"，卜正民最终得出的结论是士绅社会是脆弱的，而且士绅得到的权力极其有限。他认为中国士绅的命运具有悲剧性——士绅社会不可避免地与其抵制的东西联系在一起，包括金钱、权力。隐居山林或削发为僧是为了远离金钱和权力，但没有金钱，他们就无法捐赠寺院；没有科举，他们就会失去自己的身份。不仅如此，士绅们还身陷两难局面："如果没有他们所竭力反抗的国家的权威，他们就不可能坚持要求作为精英的合法性；然而只要他们依然依赖于国家，他们就不可能按他们自己的要求建立霸权。"② 这里的分析大体上是正确的。但事实上，大多数士绅没有他们表现出来的那么具有反抗性，如果把"隐退"看作士绅对外的宣言，或者一种人设的塑造方式，而非其真实意图，那么一切就说得通了。这解释了为什么"从国家的彻底分离会使士绅无所适从"。③ 士绅们从未想过与国家彻底分离，他们十分清楚"皮之不存，毛将焉附"，他们的反抗只是政权统治下的小打小闹。而且士绅并没有追逐霸权，他们追逐的本就是一点微小的空间和权力。大多数士绅只是在尝试开辟自己的话语空间，并没有达到"竭力反抗国家权威"的程度，他们的反抗仅代表不支持，而不是意图推翻政权。真正想要对抗官方政权的那部分人并不会因为与国家彻底分离而感到无所适从。

---

① ［加］卜正民著，张华译：《为权力祈祷：佛教与晚明中国士绅社会的形成》，江苏人民出版社 2005 年版，第 313 页。
② ［加］卜正民著，张华译：《为权力祈祷：佛教与晚明中国士绅社会的形成》，江苏人民出版社 2005 年版，第 328 页。
③ ［加］卜正民著，张华译：《为权力祈祷：佛教与晚明中国士绅社会的形成》，江苏人民出版社 2005 年版，第 328 页。

卜正民在潜意识里将晚明士绅群体放入现代知识分子的概念进行阐释：一方面，他意识到士绅行为只是一种"象征性抵制"[①]；另一方面，他试图挖掘士绅身上强烈的对抗性。其实我们可以这样理解：在晚明中国语境下，宗教不作为信仰出现，精英也不作为知识分子出现。

结　语

总体而言，《为权力祈祷》一书的切入点很好，史料非常丰富。通过这些材料我们可以思考很多问题——可以研究士绅心理，可以研究晚明社会，可以研究佛教和理学的融通，可以从女性主义角度进行思考……士绅对中国社会的影响并不局限于明代，这些材料也能为研究士绅阶层的历史发展提供帮助。虽然卜正民只是聚焦了一个现象，而没有聚焦一个问题，但他的研究还是使我们获益良多。

作者简介

姚佳怡，杭州师范大学人文学院现当代文学专业硕士研究生。

---

① ［加］卜正民著，张华译：《为权力祈祷：佛教与晚明中国士绅社会的形成》，江苏人民出版社 2005 年版，第 92 页。

何谓内在，如何转向

——读《中国转向内在：两宋之际的文化内向》有感

王　钰

［研读书目版本］

［美］刘子健著，赵冬梅译：《中国转向内在：两宋之际的文化内向》，江苏人民出版社 2002 年版。

宋朝灭亡四百多年后，明朝学者陈邦瞻在《宋史纪事本末》的序言中写道："宇宙风气，其变之大者有三：洪荒一变而为唐、虞，以至于周，七国为极；再变而为汉，以至于唐，五季为极；宋其三变，而吾未睹其极也。变未极则治不得不相为因，今国家之制，民间之俗，官司之所行，儒者之所守，有一不与宋近者乎？"[①] 在陈邦瞻眼中，宋朝是一个社会风气大转型的朝代，后世社会的方方面面都受到了宋朝的影响。从唐到宋，中国社会内部发生了变化。日本学者也关注到了这一点，由此提出了唐宋变革论。在内藤湖南、宫崎市定等学者看来，唐与宋的文化性质有显著差异，唐是中世纪的结束，而宋是近世的

---

① ［明］陈邦瞻：《宋史纪事本末》，中华书局 1977 年版，第 1191—1192 页。

开端。围绕此观点，国内外学者展开了对唐宋政治、经济、文化等方面的研究
与比较。①

　　刘子健先生早年求学于清华大学、燕京大学，师从洪业，后为普林斯顿大
学教授，是在美国进行宋史研究的重要学者，著述有《两宋史研究汇编》《宋代
中国的改革：王安石及其新政》《中国转向内在：两宋之际的文化内向》（以下
简称《中国转向内在》）等。当学者的目光都聚焦于唐宋之际时，作者看到了北
宋与南宋之间的显著差异。在他看来，"北宋的特征是外向的，而南宋却在本质
上趋向于内敛"②。在《中国转向内在》一书中，作者探讨了南北宋之际中国转
向内在的表现及原因，并把焦点置于12世纪中国政治发展和文化发展之间的互
动模式上。

　　该书在序言中便回应了学界由唐宋变革引申出来的宋代近世说，作者对此
不以为意。作者认为："不同文化的演进并没有一个放之四海而皆准的模型，不
是沿着单一的轨道、经过相同的特定步骤前进的。相反，不同的文化常常有着
不同的发展重心。"③宋代的经济相较于前代有了巨大的飞跃，大城市的兴起、
发达的贸易以及纸币的使用无不令人印象深刻。伴随着经济的进步，文官制度
趋于成熟，教育逐渐普及，文学艺术也不断推陈出新。于是，在欧洲中心论的
影响下，一些史学家把宋代的中国类比为近世欧洲。④然而，在作者看来，这些

---

① 关于唐宋变革论的研究成果介绍可参见李华瑞：《"唐宋变革"论的由来与发展
（上）》，《河北学刊》2010年第4期，第57—65页。《"唐宋变革"论的由来与发展
（下）》，《河北学刊》2010年第5期，第67—77页。

② ［美］刘子健著，赵冬梅译：《中国转向内在：两宋之际的文化内向》，江苏人民出
版社2002年版，第7页。

③ ［美］刘子健著，赵冬梅译：《中国转向内在：两宋之际的文化内向》，江苏人民出
版社2002年版，序言第2页。

④ 尽管内藤湖南提出了唐宋变革论，但并未把宋以后的"近世"视作与西方近世雷
同的近世。宋代近世说由日本学者宫崎市定在其《东洋的近世》一文中提出，详见
刘俊文：《日本学者研究中国史论著选译》，中华书局1992年版。

成就只是在表面上与所谓近世欧洲的成就类似，"在宋代中国占据中心地位的，应当是与文化学术潮流密切相关的政治，而它们并非经济利益的全部或直接反映"①。尽管宋代出现了资本主义萌芽和经济快速发展的态势，但是士大夫们更愿意追求经典教育和仕途。宋代的统治阶级为何没有向更广阔的领域继续开拓，反而转向了内在，这便是该书要探究的核心问题。

在该书的第一部分，作者便指出中国转向内在的关键时期是 12 世纪，也就是南北宋之交。作者回顾南宋与北宋，认为这两个时代的学术与儒学存在明显的差异。刘子健指出："大部分北宋经学研究令人耳目一新，具有挑战性和原创性。而到了南宋，解经著作的质量开始下降，变得喜欢争辩，过于关注细节，研究范围趋向狭窄，文字冗长啰唆，缺乏学术的多元性和创造性。"②当朱熹《四书章句集注》最终成为科举考试唯一官方注释时，正统性战胜了多元性，代价是思想的禁锢。关于宋代儒学，作者则是将王安石与朱熹的思想做了比较。王安石希望在文化、经济和政治领域进行激烈的制度改革，而朱熹带领的新儒家则希望通过哲学、道德和文化，最终通过社会和政治方面的进步使社会发生同样彻底的转变。在作者看来，新儒家也是变法派，他们想要改变现存的价值体系和行为规范，想要正君心，想要致君尧舜。

该书第二部分的标题为"12 世纪"，包括"道德保守主义""专制政体与宰相们"和"个案研究：从辉煌到流放"等章，旨在回应为何中国转向内在。在"道德保守主义"这一章中，作者认为北宋的灭亡推动了道德保守主义的兴起。当女真人来袭，许多士大夫倒戈。我们所熟知的张邦昌、刘豫等人皆是进士出身。"形形色色违背儒家道德的行为叠加在一起，引起了强烈震荡，使得信念

---

① ［美］刘子健著，赵冬梅译：《中国转向内在：两宋之际的文化内向》，江苏人民出版社 2002 年版，序言第 2 页。
② ［美］刘子健著，赵冬梅译：《中国转向内在：两宋之际的文化内向》，江苏人民出版社 2002 年版，第 24 页。

坚诚的儒家知识分子们不断感到道德愤慨。他们相信，要想拯救这个国家，军事防御是必要的，但仅有军事是不够的……在他们看来，惟一的出路便是道德重建。"①

在"专制政体与宰相们"这一章中，作者提到了南宋初年宰相更换频繁，直到秦桧成为权相。与北宋"为与士大夫治天下"的君臣共治模式不同，南宋的政治模式倾向于"一人治天下"，只不过有时是皇帝，有时是皇帝的代理人。后来的学者则把刘子健所指出的君主政体具体化："第一种模式是中央控制，即宫廷和官僚有效控制军队与各级地方政府，北宋文彦博所标榜的皇帝与士大夫共治天下应该就是这种模式；第二种模式是宫廷的集权，即皇帝或其代理人独立行使中央控制权，官僚只能例行公事地从旁襄助，宋徽宗和蔡京时期大体就是这一模式；第三种模式是专制，即决策由皇帝或其代理人独断或共谋，官僚虽能分享行政权力却无权参与决策；第四种模式是独裁，君主或其代理人大权独揽，压制甚至镇压持反对意见的其他官僚与在野知识分子。"②

在"个案研究：从辉煌到流放"这一章中，作者将赵鼎辉煌的一生和悲惨的结局作为例证。赵鼎曾与高宗一起避难海上、扑灭江西的匪患，后又建立了稳固的沿江防线，修复了淮西兵变后朝廷与武将们的关系，为早期南宋政权的艰难过渡做出了巨大贡献。在担任朝廷宰相期间，他虽然并不完全反对南宋与金的和谈，但在边界问题和地位问题上，他始终坚持道德保守主义的立场，毫不让步。他也许没有意识到自己正在失去皇帝的信任，最终难逃被免职的下场。能让赵鼎从一人之下到被贬流放的人只有高宗，因为皇权永远是权力的终极来源。与赵鼎不同，独居相位的秦桧对女真人开出的条件照单全收，并通过解除

① ［美］刘子健著，赵冬梅译：《中国转向内在：两宋之际的文化内向》，江苏人民出版社在2002年版，第55页。
② 虞云国：《南渡君臣：宋高宗及其时代》，上海人民出版社2019年版，第326页。

大将兵权来取悦皇帝。秦桧死后七年，宋高宗把皇位禅让给了宋孝宗，但事实上他仍然远程操控着朝政。孝宗经常看望高宗，在政事方面聆听其教导。"上每侍光尧，必力陈恢复大计以取旨。光尧至曰：'大哥，俟老者百岁后，尔却议之。'上至此不敢复言。"① 在高宗给孝宗留下来的政治遗产中最为重要的是倾向于绝对独裁的君主专制权力。而宋孝宗在位期间频繁更换宰相，为的是乾纲独断。尽管之后的韩侂胄、史弥远与贾似道接踵专权，但是在刘子健看来，这只是专制或独裁模式在君主暗弱情况下的特殊形态而已。除了代理人，皇帝几乎不和任何官员分享权力。

该书第三部分的标题为"新儒家成为正统：得不偿失的胜利"，只有"道德挂帅的新儒家：从争论、异端到正统"这一章。该章主要介绍理学在南宋的发展历程，即从平淡无奇到意外卷入政治斗争再到被奉为正统。现存的大多数史料站在理学这一立场，因为这个学派凭借其超群的学说自然而然地被广泛接受，不久便成为国家正统。事实上，这一过程并非一蹴而就，而是颇为漫长和曲折的。由于理学卷入光宗末年的权力斗争中，因而被权相韩侂胄所禁锢。尽管不久之后这个禁被解除，但解除禁令只是恢复了禁令颁布前的状况。而后的一场皇位继承危机再一次使得朱熹学派的地位上升，新的权相史弥远希望借助理学的声望来文过饰非。随着北方蒙古政权的不断扩张，南宋为提升政治声望和自信心不断推崇理学。在后期南宋人的眼中，儒学的唯一合法血脉是通过二程高足杨时传到南方的理学。宋理宗甚至为其御撰颂词，宣布其为正统，以此来表明蒙古是一个没有理学传承的野蛮国家。在程朱理学逐渐成为正统的曲折过程中，理学家也深感至高无上的君主才是关键。"如果能给皇帝注入动力，就有可能改变政府。南宋以朱熹为代表的新儒家，之所以如此重视内省功夫与热衷

---

① ［宋］叶绍翁撰，沈锡麟、冯惠民点校：《四朝闻见录》，中华书局 1989 年版，第 58 页。

为帝王师，深层原因应即在此。"①理学成为正统，而它本身的生机与活力却逐渐丧失。它沉浸于自己在意识形态上的优越感而压制政治上的批评声浪，同时拒绝变革，逐渐与专制政体融为一体。

该书的英文名为 *China Turning Inward: Intellectual-Political Changes in the Early Twelfth Century*，若将其直译，则为《中国转向内在：12 世纪思想政治的转变》。如果该书的标题是这样的，或许可以帮助我们更好地理解"内在"这个词。与"内在"相对应的词为"外在"，体现在国家层面即富国强兵。王安石是改革的首要倡导人，他相信道德价值观可以与功利主义的目的达成一致，青苗法、市易法、免役法、保马法、将兵法等改革措施基本帮助北宋走上了富国强兵之路。然而在宋哲宗即位后不久，保守派便接掌政权，恢复了旧制。从哲宗亲政到徽宗退位这段时间里，保守派再次失势，大部分变法措施重新实施。然而，此时以蔡京为首的变法派丧失了王安石理想主义的初衷，他们在道德上毫无顾忌，贪赃枉法猖獗，对保守派进行了史无前例的残酷迫害。再加上徽宗好大喜功，整个上层社会道德沦丧。北宋灭亡之后，士大夫中的道德保守主义者对北宋的灭亡进行了反思，而王安石则成了他们口中的罪魁祸首，"熙宁创制，元祐复古，绍圣以降，张弛不一，本末先后各有所因，不可不深究而详论……王安石自任己见，非毁前人，尽变祖宗法度，上误神宗皇帝。天下之乱，实兆于安石，此皆非神祖之意"②。在他们看来，王安石将他所鼓吹的功利主义置于道德之上，这完全是本末倒置，因此他们主张要鲜明地弘扬儒家正统道德原则，只有真心诚意，才能真正修身齐家治国平天下。如果从士大夫内心出发来理解"内在"这个词，不妨将其翻译为"内省"。

---

① 虞云国：《南渡君臣：宋高宗及其时代》，上海人民出版社 2019 年版，第 332 页。
② ［宋］李心传编撰，胡坤点校：《建炎以来系年要录》卷七十九，"绍兴四年八月戊寅朔条"，中华书局 2013 年版，第 1487 页。

正如余英时在他的《朱熹的历史世界：宋代士大夫政治文化的研究》中所说的"朱熹的时代也就是'后王安石的时代'"①，12 世纪的政治领域和文化领域充斥着王安石的影子。尽管王安石身后常背负骂名，但事实上道德保守主义者无不羡慕他的成就，因为他真正做到了得君行道。为了支持王安石变法，神宗给予王安石充分的信任，允许其绕过原有的中书门下，成立制置三司条例司，将其作为领导变法的机构。尽管台谏官不断向王安石发起攻击，但神宗坚定地站在王安石这一边。由此，君臣合为一体，皇帝与"士大夫治天下"变为皇帝与"宰相一人治天下"。后世学者也关注到了这一点："虽举朝争之甚至，内而慈圣光献太后，外而韩琦、富弼诸老臣，俱以安石为不可用，而帝持之愈力，护之愈坚，故当时有谓帝与介甫如出一人者。"② 到了南宋，情况极为类似。无论主战派如何义正词严，高宗也始终站在秦桧这边，君臣二人坚定地奉行主和政策，而执政与台谏不是形同虚设，就是被秦桧牢牢把控，北宋以来君臣论治的局面转变为南宋皇帝与权相的"二人转"。如果从政治层面来理解"内在"这个词，不妨将其理解为君主专制，而这种对专制不断强化的政治趋势一直延续到后世。

如果从文化领域来理解"内在"一词，则不妨将其理解为一元和保守，这同样可以追溯到王安石变法。王安石为了给变法提供理论依据，撰写了《周官新义》，使其成为法定的太学教材，用以教学和取士，"王学"一时成为士子们的主要研学对象，因为"从王安石之学者和支持王安石之政治理论者，在太学和州学中被授予职位。反过来，这些人又明显偏爱有相似学术和政治倾向的

---

① ［美］余英时：《朱熹的历史世界：宋代士大夫政治文化的研究》，生活·读书·新知三联书店 2004 年版，自序二。

② ［清］赵翼著，王树民校证：《廿二史劄记校证》，中华书局 2013 年版，第 588 页。

考生"①。王安石本想通过经义取士来培养新的人才，使"学究变秀才"，结果却使"秀才变学究"。无数士子为了功名利禄，放弃了诸家解经，专尊王氏之说，学术趋于僵化。南宋初年，随着王安石被清算，各派学术思想再一次活跃起来。然而，"朱熹要让人明白，道统已经传到他的身上。换句话说，朱熹是在声称，在他的那一代人中，只有他自己承继了从古代圣人和北宋大师那里传来的道统"②。随着宋理宗将程朱理学定为国家正统，朱熹的《四书章句集注》成为官方注释之后，学术界再次被一元所主导，程朱理学在后世不断巩固其在意识形态领域的主导作用，这或许就是刘子健提出"新儒家成为正统：得不偿失的胜利"的原因。

🎓 作者简介

王钰，杭州师范大学人文学院中国史专业硕士研究生。

---

① ［美］刘子健著，张钰翰译：《宋代中国的改革：王安石及其新政》，上海人民出版社 2021 年版，第 150—151 页。
② ［美］田浩：《朱熹的思维世界》，江苏人民出版社 2011 年版，第 312 页。

中编

学科融合与社会文化阐释

天文与中国古代社会

汪艳君

[研读书目版本]

1.黄一农:《社会天文学史十讲》,复旦大学出版社 2004 年版。

2.黄一农:《两头蛇:明末清初第一代天主教徒》,上海古籍出版社 2006 年版。

过去,无论是东方还是西方,人们都期望能够从上天得到些许关于未来的启示。无论是"星占"或是"上帝宗教",都是古人希望得到上天旨意以确保生活顺遂的具体表现。正因其出发点在于"人类的期望",注定"天"不可能作为一个单纯独立的对象,而是与"人""社会"联系紧密。"天"深刻影响着中国古代社会,同时也在世俗发展中不断被改造。

一、对待"天命"复杂而又矛盾的心理

一个政权在确立之后，首先要面对的问题就是如何巩固、维系这一政权，使被统治者服从统治。汉初的统治者延续了周人的"天命"之说。殷商时代，"天"与统治者是无条件结合在一起的。周人为显示自身政权的合理性，将道德因素注入天命观内，以自身之"德"配"天"，将自身政权的建立解释为因道德而被"天"所选择，从而实现对天命观的改造。汉初统治者为巩固自身政权的稳定性，以谦卑的态度巩固自身的统治，以"天"作为政权合理性的根据。另外，董仲舒等人为了限制皇权，试图将"灾异"现象解释为"天"对皇帝执政不善的警告，从而避免中央集权下皇帝权力的过度膨胀。这奠定了汉代思想重视"天"的特性，也进一步加深了"天人感应"思想的影响。

星象来自上天，比起寻常的灾异，星象的异样在古人眼里或许更能代表"天"的旨意。星占是古代天文学中最重要的内容之一。我国古代占星术认为，地上各邦国和天上一定的区域相对应，在某天区发生的天象预示着其所对应地方的吉凶。在"天人感应"思想的影响下，星空基本上是人间的投射。因此，除了天象观测与历法的计算之外，古代天文透过星占影响现实社会是中国古代天文学相当突出的特质。

"荧惑守心"指的是荧惑（火星）在心宿区域发生由顺行（自西向东）转为逆行（自东向西）或由逆行转为顺行的情况，并停留在心宿区域的天体运行现象。在我国古代占星术看来，"荧惑"常与残贼、疾、丧等不祥之事相关联，而心宿在占星学上被认为是天子祈福祀神的明堂所在。因此"荧惑守心"这一改变荧惑原有运行方向而停留在心宿的异常天象被古人认为是天子性命有虞的预兆。

古人认为，皇帝执政不善，上天就会降下灾异以作警示。而"荧惑守心"

这一天象与普通灾异现象的不同之处在于：它将执政不善与皇帝本人性命有虞联系在一起。当时的汉成帝期望能够将灾异的缘由转嫁给自己的执政助手（即丞相翟方进）从而免除自身的厄运。汉成帝对"荧惑守心"的强烈恐惧迫令丞相自杀以代替自己应天变。整个事件的发展脉络大致为：第一，李寻以莫须有的天象暗示"荧惑守心"即将发生，天子性命有虞，从而向翟方进施压，暗示其承担"荧惑守心"这一不祥天象所象征的后果与责任；第二，善星历的贲丽上书皇帝建议"大臣宜当之"；第三，皇帝召见翟方进；第四，皇帝下诏书推脱自己的责任；第五，因"荧惑守心"为一种天文现象，不可再次观测，翟方进无法自证，被迫自杀。根据黄一农先生的缜密分析，那年"荧惑守心"这一天象并没有可能发生，丞相翟方进之死是一场针对性极强、彻头彻尾的政治阴谋。这时候，"荧惑守心"这一天象不再是当时人们所认为的最高权威的"天"的旨意，而是权臣以"天"的名义实现政治倾轧、达成自身目的的工具。翟方进与王莽两家的恩怨与权力争夺才是翟方进死亡的根本原因。

汉代"天人感应"思想深入人心，这给了术数家们玩弄术数的机会。在一定程度上，掌握了占星术，就掌握了与上天对话的能力，也就掌握了对"天"的解释权、掌握了话语权，从而可以将属于"天"的权威转移到自己身上。

龟甲占卜的结果其实是可以人为控制的。古时的人们已经能够通过钻凿龟甲的技巧、控制烧灼的纹路，控制占卜的结果。这都是人为因素干预"天命"的具体表现。"天命"实际上成为政治乃至整个人类社会的工具，或者说是达成目的的万能借口。在操纵"天命"的同时，古人仍然对"天命"抱有虔诚与敬畏之心，"天命"如果失去其赖以存在的社会基础，它的权威性就不复存在，其话语功能也就不复存在。这样的话，丞相翟方进也不会迫于"天命"而自杀。我们可以从翟方进自杀这一事件得知古人对"天命"既复杂又矛盾的心理。

二、社会对天文历法的反向改造

天文以权威的姿态影响着政治乃至普通人的生活，同时也受到人与社会的制约。黄一农先生在《制天命而用：星占、术数与中国古代社会》中对"闰八月不祥"这一说法的产生过程做了探析，认为天文历算领域中"闰八月不祥"这一禁忌说法的起源实际上与天文历法本身的关系并不大，而是人为操控与附会所形成的"群体幻想"。其大致产生过程为：第一，清代天理教林清等人受《三佛应劫书》中"八月中秋，中秋八月，黄花满地开放"所提到的两次"中秋"的启发，择定于十八年的闰八月十五起事；第二，十七年十月初颁布翌年的《时宪书》后，教众发现十八年并未置闰；第三，教内将清廷改闰与天象不吉相联系，称清廷改闰是为破《三佛应劫书》之谶言；第四，随着该谣言愈传愈烈，钦天监受到影响，每逢闰八月就请旨更改；第五，后人的不断附会使"闰八月不祥"更具神秘的色彩。

实际上，清廷改闰的原因与《三佛应劫书》中的谶言及天象吉凶与否并无关系，当年改闰单纯是因为十八年置闰会影响当年清廷郊祀大典的举行。在古代，历法知识只为少数上层人理解并掌握，而大多数普通百姓并没有掌握天文相关的知识与历法设定的规则，于是他们根据自己已有的知识去解释清廷改闰的原因，从而逐渐产生"闰八月不祥"这一说法。"闰八月不祥"这一说法并非占星家们从星空中得到的启示，而是由民间一步步走入历法。它的形成过程反映了社会对历法的影响与改造，同时告诉我们古代的历法并非绝对客观的记录与计算，在很大程度上是受人的影响与改造的。我国古代的天文学是一个复杂的领域，它与历法联系紧密，同时具有一定的社会属性。

三、文字的背后

根据黄一农在《社会天文学史十讲》中所列举的历代正史中有关"荧惑守心"的记载与分析①，可以发现古代正史中关于"荧惑守心"这一天象的记载多为附会，并未真实发生，而"荧惑守心"真实发生的时间因种种原因未被史书记载。可见，即便是正史，也存在许多失实、穿凿附会的成分。史家也是人，在修史的时候会受个人的判断、情感等方面的影响。文字或许因为种种原因失实，但是我们可以从文字背后找到当时人们思想观念的"蛛丝马迹"。换言之，文字所反映的思想观念是无法作假的。

"五星会聚"在我国古代占星学上被认为是大吉的天象。与"荧惑守心"在正史中的记载状况相同，许多有记载的"五星会聚"当时并未发生，而后人出于一定的目的，以"五星会聚"附会人事吉凶祸福，这增强了"'五星会聚'乃吉兆"这一说法的说服力，而后人也借助"五星会聚"以证明某一事件的正确性、合理性。如《汉书》中所记载的"元年冬十月，五星聚于东井，沛公军霸上"②。回推当时的天象，五星并未会聚。反而在高祖二年，确实发生了一次颇为近似的天象。《史记》亦有记载："汉之兴，五星聚于东井。"③这两次记载的不同是，《汉书》将此天象附会于"高祖入秦"这一事件，而《史记》则用这一天象来解释、预示汉帝国的兴起。同一次天象在不同的史书中有不同的解释，此时这一天象本身是否发生、什么时候发生已经不那么重要了，我们可以知道

---

① 黄一农：《社会天文学史十讲》，复旦大学出版社 2004 年版，第 28 页。

② ［汉］班固著，［唐］颜师古注：《汉书》，卷一《高帝纪》，中华书局 1962 年版，第 22 页。

③ ［汉］司马迁：《史记》（第 5 册），卷二七《天官书》，中华书局 1959 年版，第 1959 页。

的是史书的记录者对星占的重视与推崇。正因为对星占的推崇，所以他们选择将已经发生的事件与对应的星象联系起来，在很多时候甚至不惜伪造天象记录，以维护星占结果的正确性，并将其留在史书上，流传后世。汉代之后最壮观且最容易观测到的两次"五星会聚"均发生在女主当政之时。女性参与国家政务，历来被视作"牝鸡司晨"，这是特殊时代的产物。《汉书》中提到京房《易传》曰："贤者居明夷之世，知时而伤，或众在位，厥妖鸡生角。鸡生角，时主独。"①又曰："妇人专政，国不静；牝鸡雄鸣，主不荣。"②

"五星会聚"作为吉兆的发生时间正处于女主当政的所谓"国不静""主不荣"之时，史家一方面为了维护传统星占的正确性与可信性，另一方面坚持传统思想中的"女主不吉"，选择将历史长河中真实发生的"五星会聚"隐去了。

《史记》中关于汉高祖刘邦出生的记载极具神异性："高祖，沛丰邑中阳里人，姓刘氏，字季。父曰太公，母曰刘媪。其先刘媪尝息大泽之陂，梦与神遇。是时雷电晦冥，太公往视，则见蛟龙于其上。已而有身，遂产高祖。"③

感应生子的神话由来已久。最早的可以追溯到《诗经·生民》中姜嫄生后稷的记载："厥初生民，时维姜嫄。生民如何？克禋克祀，以弗无子。履帝武敏歆，攸介攸止，载震载夙，载生载育，时维后稷。"④在后来的正史当中，也有大量关于帝王出生的神话记载。《史记》记载了商的先祖契的出生："殷契，母曰简狄，有娀氏之女，为帝喾次妃。三人行浴，见玄鸟堕其卵，简狄取吞之，因孕生契。"⑤《史记》记载："姜嫄出野，见巨人迹，心忻然悦，欲践之。践

---

① ［汉］班固著，［唐］颜师古注：《汉书》，卷二七中之上《五行志第七中之上》，中华书局1962年版，第1370页。
② ［汉］班固著，［唐］颜师古注：《汉书》，卷二七中之上《五行志第七中之上》，中华书局1962年版，第1370页。
③ ［汉］司马迁：《史记》（第2册），卷八《高祖本纪》，中华书局1959年版，第341页。
④ 王秀梅译注：《诗经》，中华书局2006年版，第332页。
⑤ ［汉］司马迁：《史记》，卷三《殷本纪》，中华书局1959年版，第91页。

之而身动，如孕者。居期而生子。"①关于炎帝降生的记载，则有"神农氏，姜姓也。母曰任姒，有蟜氏女，登为少典妃，游华阳，有神龙首，感生炎帝"②。又如："秦之先，帝颛顼之苗裔孙曰女修。女修织，玄鸟陨卵，女修吞之，生子大业。"③二十四史中记载的伴有此等神异降生的皇帝很多。神异各有不同，但共同点在于他们出生的情况均不符合人类出生的正常状况。

我们通常认为史家们意在通过此类神异凸现帝王的不凡。帝王降临人间的种种神异，体现了"天"对他们的认同，从而对其统治权进行神化。"天人感应"之说将皇帝看作天子，皇帝就可以代表"天"的旨意统治人间，拥有无上的权威，从而维护其政权的合理性。

刘邦等开国皇帝在登上皇位之前，是芸芸众生中的一员，当时几乎不会有人关注他的出生究竟是否有特殊之处。如同"荧惑守心"这类天文现象具有不可再次观测的特质一样，人们也永远无法回到刘邦出生的那个时刻。此类故事多为后人附会之说。这样的传说大量出现在以严谨著称的正史中，说明当时"天人感应"思想已深入人心。

四、回到过去

古老的欧洲有"国王触摸能够治病"的说法，类似我国"天人感应""君权神授"的思想。欧洲的国王有着至高无上的神圣地位与超凡的能力，他们能够通过触摸病人治愈瘰疬。中世纪的欧洲人盲目相信"国王触摸能够治病"这一说法。在启蒙运动以前，欧洲人缺少理性与怀疑精神，这是当时"国王触摸能

---

① ［汉］司马迁:《史记》，卷四《周本纪》，中华书局1959年版，第111页。
② ［汉］司马迁:《史记》，卷一《五帝本纪》，中华书局1959年版，第4页。
③ ［汉］司马迁:《史记》，卷五《秦本纪》，中华书局1959年版，第173页。

够治病"这一漏洞百出的说法能够使人们相信的原因之一。在缺少理性与怀疑精神的时代，甚至医生都将"国王的触摸"作为一种治疗方法。在充满怀疑精神的现代人看来，这样的说法是如此不堪一击。

如今，我们拥有比古人更加先进的教育观念，我们理性地将"天人感应"看作统治者用来巩固政权的冰冷工具。研究古代历史与文化，有时候需要我们回到过去、回到当时，以当时的科学与思维进入古人生活的社会环境。读书要知人论世，读史也是一样。"天人感应"对于古人而言不仅仅是一种使自身行为合理化的工具，他们也由衷地相信"天人感应"思想。

从古代择日传统看，大量皇历和通书的印刷反映了古代的人们对选择术的重视程度。古代的老百姓认为通过选择术可以得到未来吉凶的预兆，并对此深信不疑，他们期望避开凶日出行或者采用一定的方法免除灾祸。正因为有此类需求，皇历市场才有如此巨大的规模。皇历、通书等出版物在现今社会的重要性已经大大降低，很少有年轻人关注。我们正处于一个新旧交替的时代，也许若干年后皇历会彻底淡出我们的生活，成为学者们研究古代社会的冷门绝学，这种变化反映了人们对选择术的态度——从相信到不信。

五、天主教在中国传播受阻的社会原因

"天"与耶和华都是观念世界的最高主宰，但西方天主教在我国的传播受到了极大的阻碍。《两头蛇：明末清初的第一代天主教徒》以当时著名的奉教士人为研究对象，尝试探索初代天主教徒奉教的因缘、心态与历程，并分析他们如何运用其人际网络以扩张西学和天主教的影响力，在面对"天"、儒学的矛盾时如何自处，以及天主教在我国传播受阻的原因。

明末清初之际，天主教在我国传播时遇到的阻力之一来自以"娶妾"为代表的传统文化与天主教教义之间的冲突。天主教教义主张"一夫一妻"，反对娶

妾。虽然当时欧洲的王公贵族也有情人之说，但明代的娶妾制度使妾拥有一定程度的家庭地位，并为法律和社会公开承认，这与天主教所提倡的"一夫一妻"思想背道而驰，遂成为天主教在中国传播的极大阻力。

明代士大夫娶妾这一行为与天主教教义之间的冲突看似不值一提，但从更深层上反映了我国传统思想与天主教之间的冲突。

明律中对娶妾条件的规定是"其民年四十以上五子者，方听娶妾，违者笞四十"①。明代的娶妾制度不仅仅是当时的士大夫追求美色享受的产物，还是延续子嗣的结果。当时许多亲近天主教的士大夫如冯琦、叶向高等人最终没有入教，多半是因为子嗣的需要。

古人常言："不孝有三，无后为大。"在古代，从个人角度看，血脉的延续具有极大的意义，血脉观念根深蒂固。甚至到了 21 世纪，家族血脉的留存依旧是很多人的追求。子嗣在中国传统社会中的分量极重。古代女子大多年纪轻轻就成了"适婚"女性，许多女子在十四五岁就已嫁作人妇，从此以后，在她们或短或长的一生里，生儿育女成为她们生活的重心。根据《先妣事略》中的记述，归有光的母亲十六岁时嫁到夫家，二十六岁去世。在她婚后短短十年里，接连生了八个孩子，可以说她的婚后生活就是在不断地怀孕、生产中度过的。当时的婚姻多为"父母之命，媒妁之言"。男子与女子的结合并非出于情感的自发性，而是缘于家族的安排与传宗接代的需要。人们对于新人的祝福，也多是"早生贵子"一类。结婚时有许多民俗，例如，结婚时长辈特意给新娘吃没煮熟的饺子，并询问新娘"饺子熟了吗"，而新娘一般会回答"生的"。人们认为吃饺子时说"生的"是一定会传宗接代的意思，讨个口彩。这类民俗都是着眼于生子这一角度。古代女子不育是"七出"之罪之一，丈夫可以因此而休弃妻子，

---

① 怀效锋点校：《大明律》，卷六《户律·婚姻·妻妾失序》，法律出版社 1999 年版，第 60 页。

结束婚姻关系。可以说，古人对子嗣有执着狂热的追求，而婚姻在很大程度上是为了延续后代，因此娶妾作为除娶妻外另一种延续子嗣的途径，成为男权社会下的合法行为是再正常不过的。在中国古代社会，女性的重心几乎可以说是生育，可见子嗣对于古人而言意义重大。天主教"一夫一妻"的思想试图挑战当时子嗣在人们心中的地位，那遇到阻碍是必然的。

从国家角度而言，子嗣，即人口，是一个国家的根本问题。在生产力并不发达的农业社会，劳动力在物质生产中具有极其重要的作用。在冷兵器时代，人口和兵力是影响战争胜负的重要因素，人口数量在一定程度上代表了国力。在古代人口数量反映了国家的生产力水平，人口增长会使社会总需求增加，从而促进社会分工，进一步繁荣经济。人口多意味着可以补充更多的兵员，兵力就能更强大。因此，人口数量尤为重要。古代各国之间的冲突不仅在于对土地与财富等物质资源的争夺，还在于对人口的争夺。例如，三国时期魏蜀吴之间多次发生人口掠夺事件。足够的人力资本是决定一个国家兴盛的重要因素。

历史上有几次大规模的灭佛运动，部分原因就在于很多人出家信佛。出家一方面断绝了佛教徒日后延续子嗣的可能，另一方面减少了劳动力及兵员。这触及了国家的根本，是统治者所不允许的。在长期的传播演变过程中，佛教本土化程度加深，逐渐形成了"在家弟子"这一概念，这在一定程度上缓解了宗教信仰与俗世政权的矛盾。而天主教传入中国的时间尚短，在当时还未找到一个适当的中和世俗政权与其信仰之间的矛盾的方法。

天主教当时选取的主要传播途径是从上往下，并非从下往上将普通百姓作为主要受众人群。上层人士的身份与地位使他们比普通百姓拥有更多的物质条件，所以上层人士娶妾的概率比普通百姓更高。笔者猜测，如果当时的天主教传教士选择将下层人民作为突破口，至少从娶妾这一方面来说，外来宗教与本土思想的冲突也许不会那样激烈。

六、《两头蛇：明末清初的第一代天主教徒》的启发与感受

《两头蛇：明末清初的第一代天主教徒》中的论证分析过程尤为突出，考证材料十分翔实。该书通过列举大量原始文献，对互相冲突的材料进行了分析，对在论证过程中遇到的历史疑团进行了合理化推测。

其中，作者对瞿汝夔身世的考辨极其精彩。以教会中人强调瞿汝夔为尚书瞿景淳之子与瞿氏家族文献常不见关于景淳和汝夔父子关系的记载为出发点，大量搜集原始文献，对瞿汝夔的家庭状况进行分析与推测。首先，从瞿汝夔与瞿景淳三子名字"汝稷""汝益""汝说"之间的关联性入手，对瞿汝夔与瞿景淳的父子关系进行了初步的推测。其次，通过明人文集中大量有关瞿氏家族的传记资料（瞿氏家人各行状、碑志等），梳理瞿景淳的妻妾与诸子的关系。众多关于瞿氏家族的资料对"景淳是否有儿子"的说法不一，且均未提及瞿汝夔，仅在《瞿冏卿集》所收录的钱谦益为瞿汝稷所写的传中看到"瞿汝夔为瞿汝稷之仲弟"的记载。作者根据《瞿冏卿集》中关于瞿氏家族隐秘之事的记载，得出瞿汝夔被族中除名且隐于瞿氏家族个人传记的原因——其在守父丧时与长嫂徐氏通奸。

作者对瞿汝夔身世的考辨在该书中得到了充分的展现，翔实的材料使该结论具有很高的可信度。笔者从中获得了启发：得出任何结论的前提是以充足的史料作支撑，没有史料的支撑，任何推测或猜想都是空中楼阁；只有基于史料的论证才能立得住脚，才不会被轻易驳倒。

七、结　语

中国古代天文学具有一定的社会意义，因此在针对古代天文学的研究过程中，不可避免会涉及对中国古代社会的研究。天文学从浩渺的星空走来，看似遥不可及，但奇妙的是，它与古时候每个人的生活息息相关，上至皇亲国戚、下至平民百姓，于大可参与政治、军事决策，于小可为百姓的日常出行提供参考。同时，中国古代天文学本身也在不断经受社会的改造。这是一个极其有趣、值得我们继续研究的话题。

🎓 作者简介

汪艳君，女，杭州师范大学人文学院中国古典文献学专业硕士研究生。

如何正确评价历史事件

——以《王安石传》与《大宋之变：1063—1086》中
关于"王安石变法"的评价为中心

惠佳豪

［研读书目版本］

1.梁启超：《王安石传》，东方出版社 2009 年版。

2.赵冬梅：《大宋之变：1063—1086》，广西师范大学出版社 2020 年版。

从时间的角度讲，不同时代的人对同一个历史事件会有不同的看法；从观察的视角出发，不同的人对同一个历史事件的评价也会五花八门。这些评价，有的可以反映该事件的整体面貌，有的只反映部分面貌，有的只是评论者的主观臆测。主客观条件都会影响评价者对事件的评价。

在本文中，笔者将比较梁启超《王安石传》、赵冬梅《大宋之变：1063—1086》（以下简称《大宋之变》）中关于"王安石变法"的评价，并以此为切入口，探讨如何正确评价历史事件这一虽为老生常谈但又在历史学研究中不可避免的问题。

一、梁启超《王安石传》

笔者先叙述梁启超对王安石变法的评价。

在《王安石传》的"叙论"开篇，梁启超便对王安石的德量、气节、学术、文章、"其所设施"大加赞美，并且认为其变法"适应于时代之要求而救其弊"[1]，认为其变法的主张"往往传诸今日莫之能废，其见废者，又大率皆有合于政治之原理，至今东西诸国行之而有效者也"[2]，并称王安石为三代（指儒家所称颂的夏、商、周三代）以后唯一能被称为"完人"的人。言语之中，钦佩之情犹如潮水一般涌现出来，而其对王安石变法的评价也在此定下了基调。

对王安石变法的评价，首先牵涉对北宋前期政治状况的评价。在"荆公之时代（上）"中，梁启超对北宋前期"积贫积弱"的状况进行了论述：

> 自有史以来，中国之不竞，未有甚于宋之时者也。宋之不竞，其故安在？始焉起于太祖之猜忌，中焉成于真仁之泄沓，终焉断送于朋党之排挤。[3]

作者将北宋"积弱"的根源追溯至宋太祖赵匡胤。赵匡胤有感于五代时期君主之废立操于武人之手，且自己也是由武人拥立的，害怕他们用同样的手段对付自己，因此采取了针对武人的抑制措施。从杯酒释兵权到"收四方劲兵，列营京畿，以备宿卫，分番屯戍，以捍边围。于时将帅之臣入奉朝请，犷暴之

---

[1] 梁启超：《王安石传》，东方出版社2009年版，第3页。

[2] 梁启超：《王安石传》，东方出版社2009年版，第3页。

[3] 梁启超：《王安石传》，东方出版社2009年版，第15页。

民收隶尺籍，虽有桀骜恣肆，而无所施于其间"①，梁启超认为，这不过是"欲使天子宿卫之外，举国中无一强有力之人"②，宋太祖意在削弱民众的力量。采取"更戍法"，可以在京师与外郡之间轮流调度禁军，但将领不得随之调动，使得兵识将、将不识兵，防止晚唐五代藩镇之弊，意在削弱将帅的力量。梁启超认为，宋太祖这样做的目的在于加强君主自身的权威，防止别人觊觎自己的皇位。这些措施虽然起到了弱将、弱民的效果，却也使得士兵的战斗力下降，这是宋太祖始料未及的。梁启超进而指出，这样的做法使得北宋在对抗辽、西夏时始终处于弱势的一方，而且养成了"孱懦无勇"的风气。面对"积弱"的局面，宋神宗和王安石势必要做出改变，扭转此局面。

接着，梁启超指出"积贫"的原因。自太祖朝至英宗朝，由于聚集于京师的士兵增加，使得供养禁军所需的费用剧增。与此同时，宗室、官员的数量也在增加，他们的俸禄也是一笔巨大的开支；每三年一次的郊祀典礼和给予官员的赏赐常以百万计。据梁启超统计，从嘉祐、治平以来，岁出超过岁入恒定在二万一千二百余万贯③，朝廷濒临破产。梁启超进而认为，王安石的改革是十分必要的，并抨击了当时士大夫对王安石言利、敛财的批评。梁启超认为若无王安石的理财，朝廷是否能够维持下去还是个问题。④

在"荆公之时代（下）"中，作者专门讨论了"党祸"，并将此作为变法结果终不能如王安石所愿的原因。梁启超认为宋代的"党祸"虽兴盛于王安石以后，但是发源于王安石之前，他列举的是范吕之争和濮议。梁启超将"党祸"

---

① ［元］脱脱等撰：《宋史》（第十四册），卷一百八十七"兵志一"，中华书局 2013 年版，第 4570 页。
② 梁启超：《王安石传》，东方出版社 2009 年版，第 18 页。
③ 梁启超：《王安石传》，东方出版社 2009 年版，第 19 页。
④ 梁启超：《王安石传》，东方出版社 2009 年版，第 19 页。

的原因归结为两点:"右文而贱武"和"中央集权太过其度"①。他指出,宋代的朋党之争并不像历史上其他时期的党争那样是"君子—小人"之争,而是"士大夫以意气相竞而已"②。而且,梁启超认为,这些人建言不过是为了借此立名,如果因言获罪,他们的名气反而更高。他们并没有把国家利益放在心中,而是将反对自己的人斥为奸邪,并且大肆攻击其私德。

从以上可以看出,梁启超认为,在王安石变法以前,北宋的状况十分糟糕,积贫积弱,已经到了不得不改革的地步。梁启超通过对北宋前期状况的阐述,论证王安石变法是"适应于时代之要求而救其弊"。

根据该书"例言"可知,该书的重点在于对王安石变法内容及其得失的阐述,因此该书用四章的篇幅来论述变法的情况。在该书中,梁启超论述了自己的政治观:

> 吾常谓天下有绝对的恶政治,而无绝对的良政治。苟其施政之本意而在于谋国利民福,殆可谓之良也已。虽然,谋焉而得焉,则其结果为良;谋焉而不能得焉,则本意虽良,而结果反极不良者有矣。故夫同一政策也,往往甲国行之而得极良之结果,乙国行之而得极不良之结果;甲时代行之而得极良之结果,乙时代行之而得极不良之结果。此政策者果为良耶?不为良耶?曰:是无可言。其有可言者,则适与不适而已。③

梁启超认为,同一项政策在不同的时间、空间,可能会产生相反的结果,

---

① 梁启超:《王安石传》,东方出版社 2009 年版,第 25 页。
② 梁启超:《王安石传》,东方出版社 2009 年版,第 25 页。
③ 梁启超:《王安石传》,东方出版社 2009 年版,第 93 页。

因此，不能简单地用良与不良来对其进行评价，而应把是否符合当时的要求作为判断标准。基于此，梁启超对王安石变法的内容进行了总的评价，认为"其适焉与不适焉者盖相半而已"①。之后，梁启超分别从民政和财政、军政、教育和选举三个方面，对王安石变法展开论述。

梁启超认为，王安石在经济领域变法的目的在于"制兼并、济贫乏、变通天下之财，以富其民而致天下于治"②。在对青苗法、均输法、市易法、募役法等政策进行论述时，梁启超往往将这些政策与王安石所处时代相联系，还将其与近代欧美所施行的经济制度与当时清朝的状况相比较，如"青苗则农业银行之性质也，市易则商业银行之性质也"③，又说"观近世之漕运，则可以知均输之妙用，如能用商运从京师之米而尽折南漕，则国库与民交受其利者，岁不以千万计乎"④。梁启超对王安石在经济领域的变法措施并不是完全肯定的，如他认为"市易法"是不可行的。他虽然认为"市易法"有近代商业银行的性质，但认为银行应当由民办而不是官办，而"市易法"属于官办，梁启超认为其"断不足以善其事"⑤。梁启超对"募役法"的评价最高，称其为"救时惠民之第一良政"⑥。"募役法"的主要内容为各民户按照户等上交一定数量的钱至州县衙门，以此充当经费，而衙门用这些钱雇人来充当衙门杂役。梁启超将这些经费的筹措方法类比为当时欧美国家施行的所得税。⑦

关于军政，梁启超从省兵、置将、保甲法、保马法、军器监五个方面进行论述。在论述过程中，梁启超也是将之与王安石所处时代的状况联系起来，

---

① 梁启超：《王安石传》，东方出版社2009年版，第93页。
② 梁启超：《王安石传》，东方出版社2009年版，第100页。
③ 梁启超：《王安石传》，东方出版社2009年版，第114页。
④ 梁启超：《王安石传》，东方出版社2009年版，第112页。
⑤ 梁启超：《王安石传》，东方出版社2009年版，第114页。
⑥ 梁启超：《王安石传》，东方出版社2009年版，第115页。
⑦ 梁启超：《王安石传》，东方出版社2009年版，第119页。

同时与他自己所处时代所知的各国之军政做比较。王安石在军事领域中的变法，可以说是对北宋前期所施行的军事政策的一次大的变动。省兵主要针对的是"冗兵冗费"的情况。在王安石之前也有人论及此事，但始终无人有王安石这样的魄力去改变这一情况。采取省兵的政策，为国家节省了不少的开支，减轻了国家的负担。在省兵的同时，采取置将的方法，在京畿、西北、东南共设九十二将①，使将帅相习、士兵无更戍之苦，平时有足够的时间训练，这对于提升士兵素质有很大的帮助。梁启超将之与近代的军制做比较，认为日本、德国的陆军编制与之相近，并感叹王安石的远见卓识。②梁启超认为省兵、置将是救时弊的权宜之计，而根本政策是保甲法，这个政策在于寓兵于民（梁启超称为"国民皆兵之主义"）。③他将保甲的性质概括为"地方自治体之警察"和"后备兵及国民兵"④，并认为保甲法与19世纪以来的警卫制度类似。而施行保甲法的目的，在于变募兵为征兵。梁启超认为募兵法使得兵成为士农工商之外的又一阶级，而此阶级是藏污纳垢之所，并以晚清之旗兵、绿营、防勇证之。⑤他还认为，保甲法可以改变百姓懒惰放任之习气，达到强国民的效果。关于保马法，作者认为此"最不衷于学理者"⑥，但是对于其初衷——练民兵这一点，还是给予肯定的。

关于王安石在教育领域的改革，如在"大学"之中设置律学、医学等科目，将之与经学并列，梁启超认为"分科大学之制，实滥觞于是"⑦。对于王安石变

---

① ［元］脱脱等撰：《宋史》（第十四册），卷一百八十七"兵志二"，中华书局2013年版，第4628页。
② 梁启超：《王安石传》，东方出版社2009年版，第138页。
③ 梁启超：《王安石传》，东方出版社2009年版，第138页。
④ 梁启超：《王安石传》，东方出版社2009年版，第139页。
⑤ 梁启超：《王安石传》，东方出版社2009年版，第144页。
⑥ 梁启超：《王安石传》，东方出版社2009年版，第149页。
⑦ 梁启超：《王安石传》，东方出版社2009年版，第158页。

法的内容，梁启超最不能认同的便是"一学术"，认为这样会造成思想上的不自由，不利于社会的进步。在"选举"一节中，梁启超认为科举取士并非王安石本意，兴建学校、讲求三代的教育选举之法，才是改革的最终目的，而"罢诗赋而试以经义"不过是权宜之计。①

总的来说，在梁启超看来，王安石变法顺应时代要求，所创立的法度"无一不以国利富民为前提"②，且有些内容至今（梁启超所处时代）依然有很大的作用。此外，关于历代对王安石在变法过程中好用小人的批评，梁启超在"荆公之用人及交友"中列举了王安石所用者四十人，认为"其贤才泰半，不肖者仅十之一二。其所谓不肖者，其罪状盖犹未论定也"③。

《王安石传》写于戊戌变法十年之后，身为变法者的梁启超为拥有同样身份的王安石作传。王安石及其变法措施，以及其在变法过程中所面对的挫折，无不与梁启超的经历相似。梁启超所处的时代，是中国面对三千年未有之变局的时代，已经到了不得不改革的地步。在研究王安石变法的内容，特别是将其变法内容与当时欧美所施行的制度做比较时，梁启超发现两者有许多相似之处，因此为王安石的远见卓识所折服。笔者认为，梁启超在论述王安石变法之得失时，包含了对十年前戊戌变法主张的总结。

二、赵冬梅《大宋之变：1063—1086》

在《大宋之变》的"前言"中，赵冬梅告诉我们该书的内容：将司马光作为贯穿全书的叙事线索和核心人物，讲述北宋政治文化由盛转衰的历史。④ 在该

---

① 梁启超:《王安石传》，东方出版社 2009 年版，第 158—160 页。
② 梁启超:《王安石传》，东方出版社 2009 年版，第 195 页。
③ 梁启超:《王安石传》，东方出版社 2009 年版，第 242 页。
④ 赵冬梅:《大宋之变：1063—1086》，广西师范大学出版社 2020 年版，"前言"第 2 页。

书的标题之中，"1063—1086"指的是仁宗去世的嘉祐八年至王安石、司马光去世的元祐元年。作者用通俗易懂的文字，讲述了这二十多年间北宋所发生的一系列重大事件及这些事件背后所展现的政治文化的转向，其中最重要的就是对王安石变法的评价。该书对王安石变法的评价主要是从政治演变的角度出发的。该书指出王安石变法对北宋前期宽容政治的破坏作用，即导致北宋政治发生质变，用作者的话说就是"法家转向"。

与梁启超一样，赵冬梅在"前言"中也对王安石变法之前北宋的政治情况进行了评价。作者首先阐述了自己对王朝政治的理解，她认为王朝政治的最高目标是实现一姓的长治久安，表现为"一个稳定"（社会生产生活的稳定）和"两个安全"（朝廷国家的统一和安全、皇权的安全）。[①] 为了实现这一目标，就要有相应的措施来保障。作者从三个层面，即国家制度设计、政策制定、政治运作，进行了阐述。在国家制度设计层面，要保障地方、部门机构、个人的分权制衡，以保障权力集中到中央并最终集中到皇帝手中。在政策制定层面，要尽量避免对社会的过度压榨和侵扰，这体现了儒家思想中关于朝廷、国家和社会之间的关系的认识。在政治运作层面，分为皇帝和士大夫两个方面，即皇帝要保持其超越性，在做出决策时要以保障国家的长治久安为依据；士大夫要为皇帝提供有效的辅助，这种辅助不仅仅在于做好皇帝所交办的差事，还要在皇帝不能保持其超越性的时候进行规劝甚至批评。[②] 作者指出，在这三个层面中，最容易出问题的是政治运作，而影响政治运作的是人为因素。作者首先论述皇帝因素，并将皇帝分为"抽象的皇帝"和"具体的皇帝"。在理想的王朝政治状态下，"具体的皇帝"接近"抽象的皇帝"，皇帝在政策制定过程中注重国家与社会的平衡，接纳士大夫对皇权的约束，对批评持开放态度。接着论述士大夫

---

① 赵冬梅：《大宋之变：1063—1086》，广西师范大学出版社 2020 年版，"前言"第 5 页。
② 赵冬梅：《大宋之变：1063—1086》，广西师范大学出版社 2020 年版，"前言"第 5 页。

因素，作者将士大夫的忠诚分为"大忠"和"小忠"。"大忠"即忠于"抽象的皇帝"，也就是忠于社稷，在精神上与皇帝平等，敢于当面指出皇帝的错误，引导皇帝，使"具体的皇帝"符合"抽象的皇帝"的要求。"小忠"则体现为忠于"具体的皇帝"，明知皇帝犯错却对其纵容，甚至帮助"具体的皇帝"犯错。作者还把士大夫分为宰执与普通士大夫两个群体。作者认为宰执作为士大夫集团的领袖，参与国家决策，维护批评机制，其思想和行动都具有风向标作用，应该对引导皇帝做出正确的决策负有更大的责任，且要对批评持宽容的态度；而普通士大夫则要有说话的权力，特别是批评的权力。士大夫群体道德要崇高，否则会导致士大夫群体恶性分裂，恶性分裂会导致各士大夫集团将自身利益凌驾于国家利益之上，士大夫成为权力的奴仆，最终使得皇帝逐步丧失超越性，王朝政治败坏，甚至走向灭亡。①

据此，作者认为，北宋前期的政治局面是在儒家思想的影响下王朝政治所取得的最好表现。首先，北宋前期，国家制度设计精良，实现了近乎完美的平衡，威胁国家统一和皇权稳定的强藩、外戚、宦官、权臣等因素基本消除。其次，在政策制定上最大限度地减少了对社会的压榨和侵扰。通过舆论、监察、信息沟通等复杂制度，批评纠错制度能够发挥积极的作用。② 作者还指出，宋代文化的进步在于"试图摆脱强权政治的影响，重建儒家礼义"③。在该书中，作者将司马光塑造为北宋前期政治文化的坚定维护者，指出司马光认可的政治理想状态是"通过温和理性的方式来树立皇帝的权威，通过各方妥协达成高层的和谐共治"④。

---

① 赵冬梅：《大宋之变：1063—1086》，广西师范大学出版社 2020 年版，"前言"第 6—7 页。

② 赵冬梅：《大宋之变：1063—1086》，广西师范大学出版社 2020 年版，"前言"第 5 页。

③ 赵冬梅：《大宋之变：1063—1086》，广西师范大学出版社 2020 年版，第 55 页。

④ 赵冬梅：《大宋之变：1063—1086》，广西师范大学出版社 2020 年版，第 111 页。

北宋政治发展到后期，出现了法家转向，而这个转折点，作者认为正是王安石变法。首先，国家与社会之间的平衡消失了。作者认为，不管变法派如何标榜"抑兼并"和"为民"，新法所体现的敛财本质是不容否认的。在官员运用违规手段强制推行新法的问题上，王安石则置之不理，只问政策执行的效果。如宦官程昉在河北施行淤田法，使得许多人家的庄稼受到损害，且在施行之前，并无"户户取（淤田）状"①。程昉因此被提举河北路常平等事韩宗师弹劾，但王安石辩护道："程昉淤田，既为韩宗师所奏，故令程昉差一官，又令京东转运司差一官，同检量定验。韩宗师乃不依常法，差一独员监当官往定验，决无庇盖程昉之理。今检定到出却好田一万顷，又淤却四千余顷好田，陛下犹以为不知淤田如何，臣实不审陛下所谓。"② 这是王安石变法注重经济效益而忽视社会效益的体现。

其次，王安石在变法的过程中主张"一道德，同风俗"，对于反对新法的言论大加斥责，并对台谏系统进行"换血"，使得台谏的批评功能丧失，这破坏了宽容政治这一共识，使得皇权无从约束，北宋政治由宽容转向专制。③作者将北宋士大夫群体恶性分裂（梁启超称为"党祸"）的源头上溯至王安石变法，这与梁启超将之追溯至"濮议"不同。此外，作者认为南宋时期的"权相"现象也滥觞于此。

作者还指出变法过程中的逐利倾向，认为王安石变法中的用人措施对于培

---

① ［宋］李焘撰：《续资治通鉴长编》（第十八册），卷二百四十九"熙宁七年正月甲子条"，中华书局1986年版，第6074页。

② ［宋］李焘撰：《续资治通鉴长编》（第十八册），卷二百四十九"熙宁七年正月甲子条"，中华书局1986年版，第6074页。

③ 赵冬梅：《大宋之变：1063—1086》，广西师范大学出版社2020年版，"前言"第9页。笔者对"从宽容走向了专制"的说法持保留态度，虽然北宋前期形成的"皇帝与士大夫共治天下"的政治体制的确对皇权有约束的作用，但是北宋前期的政治依然是君主专制制度。笔者认为，这个说法改成"由开明专制转向绝对专制"可能更好。

养士大夫的理想人格极为不利。在变法过程中，斤斤计较于赏罚，过度依赖法律而忽视道德，培养出的是工具性的官吏。这种官吏能够很好且高效地执行朝廷的政令，但将自身利益置于国家利益之上，只关心皇帝的个人欲望，全不关心百姓之疾苦，以不择手段地贯彻朝廷的意志为晋升捷径。以往士大夫所具有的以天下为己任、将国家利益置于自身利益之上的品行，在这些官吏身上荡然无存。

在"前言"中，作者还叙述了自己对新法评价的原则。她认为，从现在的眼光看，王安石新法之中似乎先进的做法，从本质来看是似是而非的。将某些做法从特定的历史情境中抽出，用现代的逻辑去解释并不科学，并引用了漆侠先生在《王安石变法》的序文中对梁启超《王安石传》的批评。[1] 评判新法，当将之置于当时的社会环境之中，来看它对朝廷和社会产生的效果。因此，作者认为，王安石的新法"具有强大的敛财能力，与民争利，'富国强兵'"[2]。新法在实际施行的过程中，破坏远大于建设，尤其是在政治文化方面。在此过程中，北宋走向了皇帝与宰相的专制，士大夫的参政空间缩小，批评机制失效，北宋灭亡之根实源于此。[3]

三、试论"应如何正确地评价历史事件"

从上面的论述中，我们可以看出，对同一个历史事件进行评价，如果视角、运用的方法不同，就会产生不同甚至是完全相反的结论。那么，我们应该如何正确地或者说尽量客观地评价历史事件呢？笔者试言之。

---

[1]　漆侠：《王安石变法》，上海人民出版社 1979 年版，第 9 页。在该书序文中，作者认为梁启超这样的类比，是为资本主义的"永恒"存在寻找依据。

[2]　赵冬梅：《大宋之变：1063—1086》，广西师范大学出版社 2020 年版，"前言"第 10 页。

[3]　赵冬梅：《大宋之变：1063—1086》，广西师范大学出版社 2020 年版，"前言"第 10 页。

第一，我们要尽可能多地搜集与所评价事件相关的史料。我们以后来者的身份审视历史事件，并非历史事件的参与者，因此对于历史事件的评价依赖于自身所掌握的史料。只有尽可能全面地搜集史料，才能对该事件做出尽可能正确、客观的评价。尤其要注重对原始史料的搜集，正如李华瑞先生所言，"历史学家在论证和叙述历史时，如果他提供的材料愈是详尽、愈是原始，那么他所论证的结论和叙述的历史就愈有说服力和可信性，不论是肯定还是否定某一事件或人物，使用当事人的原始记录，其论证效果就更为明显"[1]。丰富而全面的史料是我们评价历史事件的前提。

第二，就是对搜集到的史料进行筛选。在史料的筛选过程中，我们应该采取客观的方法，不能有先入为主之见。笔者以李焘《续资治通鉴长编》为例。李焘本人"耻读王氏书"[2]，因此他在《续资治通鉴长编》之中对王安石变法的评价是消极的，并在这一前提之下对史料进行筛选。首先，李焘在三版《神宗实录》的取材上偏重元祐本、绍兴本，而绍圣本则受到摒弃与怀疑。[3]其次，李焘根据王安石日录考订其他书的错误、补充相关史实，在否定王安石变法的基调之下，利用王安石本人对变法的详细记述，证明王安石才是变乱祖宗法度的罪魁祸首，而神宗只是受到他的蒙蔽，变乱法度并非神宗的本意。[4]此外，李焘在注文中大量引用他人的笔记，以征引否定新法的内容为主。李华瑞先生以陈瓘《进四明尊尧集表》和林希《野史》为例，分析李焘如何借他人之语，来表明自己对王安石新法的否定态度，并进一步论证王安石是扰乱祖宗法度的罪魁

---

① 李华瑞：《王安石变法研究史》，人民出版社 2004 年版，第 128 页。
② ［元］脱脱等撰：《宋史》（第三十四册），卷三百八十八"李焘传"，中华书局 2013 年版，第 11914 页。
③ 李华瑞：《王安石变法研究史》，人民出版社 2004 年版，第 127 页。
④ 李华瑞：《王安石变法研究史》，人民出版社 2004 年版，第 127—134 页。

祸首。[1]同样，如果站在支持王安石变法的立场上，轻易地全盘否定反变法派对新法的批评，对这一部分史料进行摒弃，这种做法也是不可取的。在筛选史料的过程中，重要的是把无助于对事件或人物的评价剔除出去，再对史料进行辨析，才能接近事件的真相。

第三，对于某个历史事件，不能单就事件本身进行评价，要对其发生的原因进行分析。如关于王安石变法的评价，梁启超和赵冬梅都对北宋前期的政治情况进行了分析，并将分析结果作为进一步评价王安石变法的前提。梁启超对北宋前期政治状况的梳理，主要集中在北宋前期所出现的一些重大问题上，以凸显王安石变法是顺应时代要求的，是不得不为之举。赵冬梅则对北宋前期的政治运作模式进行了分析，并认为其达到了历史的最高水平。她并不否认在这样优越的政治运作机制之下所存在的问题，但是认为应该利用政治运作机制本身，并通过士大夫集团之间求同存异的讨论来解决这些问题。在笔者看来，赵冬梅所描绘的北宋前期的政治运作模式的确在一定程度上反映了真实状况，但并不能否认梁启超所指出的重大问题，而这些问题能否通过北宋前期的政治运作模式来解决，是可以进一步讨论的。

第四，除了历史起因，对于历史事件所产生的后果也要进行分析，尤其是对当时社会所产生的影响。以王安石变法为例。王安石变法在施行过程中产生的破坏作用是不容置疑的，相关史料大量存在，即使评价者站在支持王安石变法的立场上，也不能对此加以否定。因此，在分析某一事件对当时社会所产生的影响时，既要注意其正面的影响，又要关注其负面的影响，并将二者加以比较，才能做出更加全面的判断。

第五，对某一历史事件进行评价，要从该历史事件发生的时间、空间出发进行讨论，而不是将其从原来的时空中抽离出来，用评价者所处时代的观念对

---

[1]　李华瑞：《王安石变法研究史》，人民出版社 2004 年版，第 137—148 页。

其进行评价。梁启超在《王安石传》中将王安石变法的内容与自身所处时代背景下欧美所施行的制度做了比较，这两者是不同时空的产物，将之放在一起进行对比，有削足适履之嫌。

四、结　语

通过比较《王安石传》与《大宋之变》中关于"王安石变法"的截然不同的评价，可以发现两位作者针对同一个历史事件运用了不同的视角、分析方法，也可以判断他们的评价是否符合史实。

其实，我们在阅读历史学著作时，可以先研读作者所提供的史料，对这些史料进行分析，并在此基础上做出自己的判断；之后再看作者对史料的分析及在此基础上得出的结论，并相互比较，指出自己的观点与作者的不同之处，以及自己或者作者在分析中的不足。这有利于深化我们对著作的认识，也可以提高我们的史学研究水平。

以上是笔者一些不成熟的看法，希望专家、学者及广大的读者批评指正。

▤ 作者简介

惠佳豪，杭州师范大学人文学院中国史专业硕士研究生。

被述说的"他者"

——评《危险的愉悦：20 世纪上海的娼妓问题与现代性》

刘力源

[研读书目版本]

[美]贺萧著，韩敏中、盛宁译：《危险的愉悦：20 世纪上海的娼妓问题与现代性》，江苏人民出版社 2003 年版。

妇女史研究于 20 世纪 70 年代在西方兴起。初期，妇女史研究以寻找妇女的历史、填补女性在历史上的空缺为主。20 世纪 80 年代开始，学界用社会史的方法研究妇女，对下层妇女的教育、婚姻、家庭、人口流动等进行考察。随着"社会性别"概念的出现与运用，以性别为视角的研究方法应用于妇女史研究，并成为新的趋势。[①]到了 20 世纪 90 年代，受到多元交织理论的影响，一些妇女史研究者将女性与其他元素，如政治、经济、社会、家庭、种族、民族等，结合起来进行考察。美国历史学家贺萧所著的《危险的愉悦：20 世纪上海

---

① 杜芳琴：《历史研究的性别维度与视角——兼谈妇女史、社会性别史与经济—社会史的关系》，《山西师大学报（社会科学版）》2003 年第 4 期，第 112 页。

的娼妓问题与现代性》（以下简称《危险的愉悦》）作为一部妇女史研究著作便是在这一背景下完成的。受到妇女史研究发展的影响，结合跨学科的方法，贺萧并非只对 20 世纪上海娼妓的历史进行论述，而是在马克思主义、女性主义、后结构主义的影响下探讨了那个年代上海娼妓业背后的权力运作、物质生活以及身处娼妓业中的女性的能动性等问题。在该书中，作者不仅为我们提供了一个了解上海娼妓生活的窗口，也为我们展现了历史研究这一独特的视角。

一

娼妓业在古代是一种"行业"，从事该行业是妇女谋生的一种方式。它承载着诸多意义，在不同的人眼中被赋予了不同的含义。古代妓院时而是令人愉悦的场所，时而是令人腐化、堕落的危险之地，时而是国家衰落的象征。《危险的愉悦》以 20 世纪上海的娼妓为研究对象，探讨当时相关的问题。该书共分五个部分，展现了整个 20 世纪上海娼妓业的复杂问题。现将该书主要内容述评如下。

第一部分"历史记载与等级制度"是作者对该书的整体概括。在这一部分，作者介绍了研究方法与研究对象。贺萧首先指出该书并不是对历史上的娼妓问题做一个简单的重构，而是立足上海历史，根据其在这百年间的变化，在不同的社会阶层与性别的组合之下看待娼妓问题，并通过娼妓业研究社会关系、性的意义以及与之有关的政治权力、文化转型等问题。该书以"调查研究有关事物的知识是如何获得的，之后如何被记忆起来，再后来又如何得到历史学者的理解同时经过其再创造而重新面世的"[①]为核心问题。作者在此部分对各类史料中关于娼妓业的描述的构成进行了分析，并对 1949 年之后中国如何"记忆"娼

---

① ［美］贺萧著，韩敏中、盛宁译：《危险的愉悦：20 世纪上海的娼妓问题与现代性》，江苏人民出版社 2012 年版，第 10 页。

妓进行了讨论。在这部分的第二章，作者对上海娼妓业中的等级制进行了探讨，指出娼妓的等级通过地区的划分表现出来，娼妓的原籍是决定她们在娼妓业中所处等级的重要因素。接着作者分析了各种类型的娼妓，如书寓、长三、幺二、韩庄、咸肉庄、雉妓等。随着娼妓业的现代化，娼妓问题也发生转变。

第二部分"愉悦"将视线聚焦于男人笔下的高等妓女的生活，讨论妓女、佣仆、嫖客、鸨母之间的关系。在贺萧看来，高等妓院不是一个简单的提供性服务的场所，而是一个复杂的社会和商业机构，有自己的组织系统。男性进入妓院，就要受到妓院规则的制约，而妓院也会通过一定的仪式来获得红火的生意。其间，妓女与嫖客的关系显得十分重要，他们的情感掺杂着金钱，而那些从良的妓女也有可能再次做妓女。作者提到妓女的这些行为是为了表明情感需要和物质利益很有可能是纠缠在一起的，"上海娼妓的感情事务总打着一个深深的印记，那就是拼命争取财产保障和个人对财产的支配权"①。因此，部分男性将妓女视为危险的形象，将妓院看作危险场所，他们在书写中留下劝导与指示，告诉嫖客如何避免被看作一个生人，如何花钱才花得最值，并将妓女的花招伎俩刻画出来，如放白鸽、仙人跳、半开门等。贺萧接着审视了名妓的故事并追溯了她们之间的关系。在这一部分，贺萧描绘了造就社会上层愉悦感的体系。对于嫖客来说，狎妓是令他们愉悦的一种途径；对于妓女来说，她们只是从属于他人的商品。

第三部分"危险"主要描绘了关于上海娼妓业的公众舆论。作者通过人口买卖、法律与混乱、性病三个话题来呈现时人眼中妓女的双重形象，即牺牲品及被视为危险的化身。贺萧首先描述了妇女被拐卖到妓院的过程，并提出了一个问题，即在有大量的证据证明许多娼妓同自己的娘家和夫家保持着密切关系

---

① ［美］贺萧著，韩敏中、盛宁译:《危险的愉悦: 20 世纪上海的娼妓问题与现代性》，江苏人民出版社 2003 年版，第 119 页。

并帮助支撑娘家和夫家的情形下，为什么有关上海娼妓的故事中拐卖成了最常见的主题。贺萧试图对此做出回答。在她看来，这种从家庭中分离出去的受害者形象是一种关于"女人处于危境"的象征语言，也是民国时期表达政治危机的语言。随后，贺萧对民国时期有关上海娼妓业的法律话语成形过程及管理制度的运行进行了考察，试图探寻法律与娼妓业的互动关系，通过有关妓女和老鸨的诉讼重思妓女的双重形象。贺萧接着审视了民国时期妓女与性病的关系，妓女是有关性病讨论中反复涉及的话题，妓女也被视为公共卫生的难题、危险源。

第四部分"干预"探寻了 20 世纪的改革者和管理者对娼妓问题的处理方式。贺萧首先对民国时期知识分子赋予娼妓的意义进行了考察，探讨了妓女作为民族软弱、民族现代性的指标符号的影响，时人正是在这一基础上对娼妓进行救援与改造，而改造工作是教妓女劳动技能，其重心是让妇女重返家庭。为此，政府对娼妓业进行了种种管理、限制，贺萧分析了民国时期有关禁娼的议论及政府的举措，然而民国时期政府对娼妓业的管理并不成功。作者指出，这可以说明民国时期政府对这些有争议的社会领域只有有限的权威。中华人民共和国成立后，中国共产党将消灭娼妓业视为中国强大、健康、现代的象征。中国共产党对国家的控制能力更为强大，在行政命令及公共媒体的宣传下，上海的禁娼运动取得了良好的效果。

第五部分"当代的对话"讨论了 20 世纪八九十年代娼妓业卷土重来的情形，以及随之而来的关于娼妓的种种争论。贺萧指出，20 世纪八九十年代，卖淫逐渐形成了一个网状系统，为各式各样的人带去收入，而这种现象产生了新的问题，即中国应该寻求什么样的现代性。贺萧论述了这一时期的性行业状况，如在酒店提供服务、开按摩院和美容院、地下团伙等，并对妓女的动机进行了分析。贺萧在接下来的章节中审视了官方和非官方对娼妓问题的看法。政府面对卷土重来的娼妓问题则是发公告通知、出台地方性法规，在这个过程中出现了两种司法表述方式：一种是将娼妓视为人身权利受到侵犯的受害者，一种是将其视为扰乱社会秩序和危害公众健康者。与此同时，学者也开始对娼妓问题进行分析论述，他们更倾向于研究因果关系，注重作为个体的妓女的动机。贺萧也提到学术评论者并不是中立的观察者，其自身就处于具体的权力与依存的关系中。最后，贺萧再次提到历史与记忆的关系，对 20 世纪末有关娼妓业的记忆进行了分析。

二

作为一部以娼妓为研究对象的历史学著作，《危险的愉悦》通过各种文本资料为我们重构了 20 世纪中国上海娼妓的历史。正如书名所暗示的，该书揭示了这个世纪娼妓的双重形象，她们既是危险的，又是令人愉悦的；她们既是受害者，在某种程度上也是现代化的阻碍者。作为一名海外历史学家，贺萧必然受到本土的学术训练及历史学的影响，因此在该书中她为我们呈现了一个观察中国历史的新视角，其中有许多值得我们学习与借鉴的地方。

首先，该书的价值在于，作者运用女性主义理论去探讨娼妓问题，注意到娼妓在历史中的能动性、反抗行为。妇女并不总是被动地参与一切，而是具有自己的能动性。正如贺萧所说，"在 20 世纪后期北美史学界的妇女史一隅中，寻找女性的能动性和反抗行为既是出于信仰，也是一种家庭作坊式的活计；这样的寻觅渗透在本书的研究中"[1]。如贺萧在第四章"情感事务"中提到妓女可以通过维持性关系，"使她能够把握自己的时间、收入和感情生活"[2]；在第八

---

[1]　［美］贺萧著，韩敏中、盛宁译：《危险的愉悦：20 世纪上海的娼妓问题与现代性》，江苏人民出版社 2003 年版，第 28 页。

[2]　［美］贺萧著，韩敏中、盛宁译：《危险的愉悦：20 世纪上海的娼妓问题与现代性》，江苏人民出版社 2003 年版，第 100 页。

章"法律与混乱"中写到妓女和老鸨分别作为诉讼当事人和被告人当庭对立的状况，妓女不仅是被告也是原告，当她们要终止与老鸨的归属关系时，往往会聘请律师来帮助自己，并利用现有法律法规胁迫老鸨放人；在第六章"职业生涯"中，贺萧指出，高等妓女在花榜评选中也不仅仅是被动的，她们虽单纯作为文人辞章中所渲染的对象，但还是有能动性的，她们希望通过评选来获得花榜头衔带给她们的好处；在第十三章"命名"中，作者探讨了20世纪末对卖淫妇女的动机的调查，说明金钱是她们从事性工作的动机之一，此外，改变自己的生活境遇、报复、享受等也是。这些在某种程度上都体现了妓女的能动性，但贺萧也提醒不应过度地追求这类行为的意义："这些行为很容易被读作颠覆性举动，但也可以将它们当作是'使体制得以运转'的表现，那样最终还是证明了统治规范的合法性。"① 当我们做妇女史研究时，应该注意女性在其中的能动性，她们并不总是静默无声，或许会为了自己的利益而主动地去做某些事，但不应夸大和浪漫化这种能动性。

其次，该书不仅对上海娼妓问题进行了论述，还对相关问题进行了分析，以认识关于妓女的知识是如何被建构的。作为下层社会群体的一部分，娼妓难以在历史中发出自己的声音、记录自己的生活，而我们对娼妓的印象多来自他人的记述。正如贺萧所说，"只是当有人想对她们进行赞誉、谴责、统计其人数、进行监管、为她们治病、分析其病理、对世人发出警示、拯救她们、取缔娼妓业或者利用她们作为社会象征等等——只是在这种种情形下，娼妓才进入了历史记载"②。在这样的情况下，贺萧以娱乐场所指南、奇闻轶事录、妓女自己所写的诗作和回忆录、文学小说、市政法令条规、审讯记录、调查报告、

---

① ［美］贺萧著，韩敏中、盛宁译:《危险的愉悦：20世纪上海的娼妓问题与现代性》，江苏人民出版社2003年版，第28页。
② ［美］贺萧著，韩敏中、盛宁译:《危险的愉悦：20世纪上海的娼妓问题与现代性》，江苏人民出版社2003年版，第3页。

报刊等为史料再现了 20 世纪上海娼妓的历史。这些史料大多不是妓女自己的声音，而是"他者"的建构。贺萧显然受到后结构主义的影响。后结构主义强调情境化的话语构建和分析，对语言文字持中立质疑的态度，认为任何表现都难免有立场和价值观渗透其中。[①] 正如贺萧自己所说，她将关注一切范畴内的不稳定性，关注语言的构造作用而不仅仅是其反映的功能。有关娼妓的史料充满了男性的声音。从这些史料当中可以看到有一套与社会性别相关，即男人关于娼妓——"危险的愉悦"的认识话语。如在民国初年指南书的作者对高等妓女酬宾技艺"今不如昔"的感叹，认为她们已经失去了从前的风雅和文采。贺萧分析认为，这类忆旧和哀叹娼妓业衰落的文字出现在一个迅速变化的时代。在第五章"花招与伎俩"中，贺萧指出，指南书、黑幕小说对妓女的花招伎俩的关注，事实上可以理解为对城市化进程中危险情况的警告，该类资料中描绘的伎俩围绕着妓女将客人的钱卷走，而这种男人无法使女人对其忠诚的故事，"标志着传统的社会性别安排的瓦解及由此引起的焦虑"[②]。娼妓在这些关于她们的历史叙事中既是主体，也不是主体，"妓女以'嵌入'的方式被带进历史记载，她们嵌入了塑造她们的故事的人的历史，嵌入了她们的权力斗争之中"[③]。妓女在不同的历史时期被不同的话语赋予了不同的形象，具有多重意义。我们通过该书可以看到贺萧对关于妓女的叙事文本的警惕，她清楚地意识到话语的建构力量。如果作者能够在论述的过程中采用档案等资料，尤其是政府对娼妓的管理部分，就有可能对政府的控制力有所体现。在笔者看来，在

---

① 杜芳琴:《妇女 / 社会性别史对史学的挑战与贡献》,《史学理论研究》2004 年第 3 期，第 5 页。
② ［美］贺萧著，韩敏中、盛宁译:《危险的愉悦：20 世纪上海的娼妓问题与现代性》，江苏人民出版社 2003 年版，第 133 页。
③ ［美］贺萧著，韩敏中、盛宁译:《危险的愉悦：20 世纪上海的娼妓问题与现代性》，江苏人民出版社 2003 年版，第 12 页。

历史研究中要注意到史料文本中话语构建的特性，注意到其背后作者的立场与价值观，因为这可以帮助我们辨别史料的价值所在。

最后，贺萧在该书中展现了娼妓的身体，将娼妓的身体与现代性的历史相连。福柯在《规训与惩罚》中提出现代社会的规训和惩罚机制将人纳入其权力体系中，"肉体也直接卷入某种政治领域；权力关系直接控制它，干预它，给它打上标记，训练它，折磨它，强迫它完成某些任务、表现某些仪式和发出某些信号"[1]。人的身体与权力联系起来，"身体更多是被动性的，它不是改变世界，而是消极但又敏感地记录、铭写、反射世界。他们都将身体和社会、制度、律法、权力关联起来，将身体作为一个重要的楔子插入社会之中。身体和社会相交织，它既可能被社会所利用，也有可能利用社会；既可能控制社会，也可能被社会所控制"[2]。娼妓在娼妓业中的身体化特征十分明显，贺萧在该书中便通过娼妓的身体对背后的社会、政治、权力进行了研究。如在第十一章"管理者"中，贺萧通过国民政府对上海娼妓的影响反映出国民政府的号令与地方权力格局之间的差异，显示出国民政府有限的权威。20世纪50年代，政府通过行政命令、公共媒体以及对妓女进行思想干预等工作成功地取缔了娼妓业，妓女的身体在新的规训体制之下接受了身体与思想的双重改造。警方逮捕妓院业主，民政局设立妇女劳动教养所收容这些妓女并对她们进行再教育，卫生局安排人员对她们进行治疗，这体现了政府的控制力，政府对这些妓女的改造过程象征着新政权的强大、健康、现代性。贺萧以娼妓的身体为中介，透过娼妓的身体去观察有关它的话语和实践及被赋予的历史意义。

---

① ［法］米歇尔·福柯著，刘北成、杨远婴译：《规训与惩罚》，生活·读书·新知三联书店1999年版，第27页。
② ［法］米歇尔·福柯著，刘北成、杨远婴译：《规训与惩罚》，生活·读书·新知三联书店1999年版，第27页。

三

《危险的愉悦》一书最大的特点便是使用跨学科的方法。结合人文学科与社会科学，在女性主义、后结构主义等的影响下，贺萧以一种重视话语和文本的研究方法去探寻附在娼妓身体上的各种意义，分析社会、政治和文化中的相关变化。这种跨学科的方法有助于我们看到历史的另一面。研究方法在历史研究中是重要的，史料在历史研究中也很重要。历史并不主动成为历史，它无法自我呈现与表达。历史之所以能够成为历史，离不开历史学家对记录过去事件的文本或实物——史料进行的解读和梳理。历史学家在记录历史时，往往会对史料进行筛选，不同的史料为历史学家呈现了"历史"的多面向。

在笔者看来，做历史研究离不开史料，合格的历史学论文或历史学著作应该建立在扎实的史料基础之上。对于初学者来说，要写作一篇史学文章，首先要做的事便是尽可能多地收集与自己所要写的题目相关的史料。越到近代，史料就越丰富，史学研究者想要穷尽所有史料几乎是不可能的，只能根据研究对象尽可能多地收集与之相关的史料。贺萧在该书中所使用的史料并没有局限于传统的史料，而是根据娼妓这一难以自我发声的社会群体的特点，使用了与之相关的娱乐指南、小报、回忆录、小说等等。使用这些史料往往会遇到一个问题，即不够"客观"，或带有某种偏见。所以在收集完成后，对史料进行分析考察便显得十分重要。罗志田曾提到需要考察"历史资料在什么情况下、以何种目的、通过什么途径保存下来"，以及这些留下来的材料在多大程度上能使我们认识到历史真实发生的过程。[①] 这不可避免地带有"偏见"。"史料既然可以有偏

---

① 罗志田：《见之于行事：中国近代史研究的可能走向兼及史料、理论与表述》，《历史研究》2002 年第 1 期，第 33 页。

见，则无不具有某种特定之含义，因而也就无不具有研究之价值。"① 既然知道史料中的"偏见"，那对它进行研究也能帮助我们理解过去。针对这一问题，贺萧表示自己对史料中无缝隙的论述产生了警惕，但她并未放弃历史叙述的任务，而是审视这些史料中关于妓女的故事是如何获得、怎样被记忆、怎样被重新创造、又怎样被讲述出来的。该书更像是"一本中国妓女的叙述史研究"②。

谈到史料，就要注意贺萧在该书中对历史与记忆的关系的讨论。历史离不开记忆，记忆是使历史成为可能的前提条件，而史料的存在离不开记忆，是当事人或后人所间接记录的文本的体现。③ 但记忆就真的可靠吗？笔者认为答案是否定的。贺萧谈到中华人民共和国成立后，历史学家搜集关于"反帝反封建"的口述历史时使用的是国家在革命进程中提供的话语，而这套话语对发言人起到了重塑的作用。贺萧在之后的《记忆的性别：农村妇女和中国集体化历史》中，通过口述访谈试图再现农村妇女在集体化时期的历史。事实上，"回忆是一个人对过去进行的积极的和有选择性的建构过程"④。贺萧在访谈中注意到妇女在回答问题时可能只会讲述有关自己的内容，在她们的回答中，她们"再造"了一个受"污染"的故事。在该书中，贺萧还提出了社会性别对记忆的影响。她发现比起男性的故事，妇女的故事跟国家性事件的关系更加疏远。

"从根本上言，历史研究者的认识能力及其可据材料都是有限的，这种双重的有限使我们对历史的认知其实也相对有限。或许历史现象本来就更多是杂而

---

① 罗志田：《见之于行事：中国近代史研究的可能走向兼及史料、理论与表述》，《历史研究》2002 年第 1 期，第 33 页。

② 陈晓兰：《身体与政治：关于〈危险的愉悦：20 世纪上海的娼妓问题与现代性〉》，《妇女研究论丛》2006 年第 1 期，第 80 页。

③ 彭刚：《历史记忆与历史书写——史学理论视野下的"记忆的转向"》，《史学史研究》2014 年第 2 期，第 6 页。

④ 金寿福：《评述扬阿斯曼的文化记忆理论》，载陈新、彭刚主编：《历史与思想·文化记忆与历史主义》，浙江大学出版社 2014 年版，第 34 页。

不纯的，并不那样黑白分明。已逝的史事既然未必充分可知，若我们重建出的史实若过于界限清晰，反可能适得其反，恰与历史原状相违背。"[1] 贺萧在《危险的愉悦》中并没有给我们重建一个有关娼妓的清晰面貌，而是尽可能完整地呈现了与娼妓有关的历史。

　　贺萧的学术背景使她能够得心应手地将西方史学理论运用到近代中国史的研究当中。《危险的愉悦》既是一部妇女史，展现了娼妓在那个时代的能动性；也是一部身体史，透过娼妓的身体，我们看到了其背后的权力机制。贺萧对史料的处理方法值得我们思考与学习。针对难以发声的群体，需从与之相关的资料中抽丝剥茧。贺萧在对有关娼妓的文本进行分析与叙述的过程中不仅呈现了与娼妓相关的知识，还探讨了近代中国政治、社会、文化等方面的内容，包括现代性、民族主义、殖民主义、女性主义等问题。贺萧把握了历史与文本之间的联系，对 20 世纪末卖淫问题的关注也显示出她的人文关怀。但是，正如陈晓兰所指出的，贺萧将娼妓政治化，将有关娼妓的叙述视为民族危机的象征，这对于一个少数群体来说是不是过于夸大了呢？[2] 总的来说，该书将娼妓嵌入中国近代史当中进行研究，为我们提供了研究历史的新视角与新方法。

作者简介

刘力源，杭州师范大学人文学院中国史专业硕士研究生。

---

[1]　罗志田：《见之于行事：中国近代史研究的可能走向兼及史料、理论与表述》，《历史研究》2002 年第 1 期，第 39 页。
[2]　陈晓兰：《身体与政治：关于〈危险的愉悦：20 世纪上海的娼妓问题与现代性〉》，《妇女研究论丛》2006 年第 1 期，第 80 页。

学术研究如何从个体抵达历史

——由王汎森《傅斯年：中国近代历史与政治中的个体生命》引起的思考

姚佳怡

［研读书目版本］

王汎森著，王晓冰译：《傅斯年：中国近代历史与政治中的个体生命》，生活·读书·新知三联书店 2017 年版。

《傅斯年：中国近代历史与政治中的个体生命》（以下简称《傅斯年》）是王汎森的博士论文，英文书稿完成于 1992 年。正如副标题所揭示的，王汎森将傅斯年置于时代背景之中，借傅斯年这一个案，探究两个更大的主题：一是五四青年的文化反传统主义的产生和发展；二是在中国建立现代学术体系进程中的成功与挫折。① 这两个主题无论是对于中国近代历史政治还是对于傅斯年个人来说，都十分重要。由于傅斯年在努力构建中国现代学术体系、推进中国学术

---

① 王汎森著，王晓冰译：《傅斯年：中国近代历史与政治中的个体生命》，生活·读书·新知三联书店 2017 年版，第 10 页。

研究从古到今转变进程中的历史地位非常重要，因此，该书的研究思路和目标非常精准，可以说抓住了中国近代社会变革的核心问题，从选题到研究思路都值得参考借鉴，能够给予我们很多学术研究上的启发。本文主要讨论两个方面：一是《傅斯年》对学术研究的借鉴意义；二是对该书具体内容的思考。

一

关于《傅斯年》，首先需要明确它是一部"人物研究"而非人物传记。虽然全书大体上是按照人物生平这一时间顺序来写的，但人物研究是借人物谈问题，或者说结合人物谈问题，而不是简单地概述人物生平。《傅斯年》在问题的聚焦和材料的选择上都做得很好。接下来我们按照该书的写作逻辑来具体分析《傅斯年》值得借鉴之处。

首先是选题。当时王汎森到美国追随余英时先生攻读博士学位，王汎森原本的计划并不是做傅斯年研究，但余英时建议他换成这个选题。在"中译本序"①中，王汎森提到了余英时列出的几条理由：一是傅斯年这样的重要人物，当时还没有专门对其进行研究的著作；二是他们有现成的档案材料可供研究使用；三是这一研究主题还可以和王汎森此前的研究联系起来。这几条理由明确地体现了学术研究选题应该注意哪些问题。总结起来就是三点：一是选题的价值；二是材料的获取；三是和自己过去的研究能否串联起来。当然选题阶段要注意的因素远不止这三点，比如还要考虑选题难度与自身学术水平是否匹配的问题，但以上三点最为基础。这三点听起来并不玄乎，但很多人没有做到。这不仅会影响他们个人研究的价值，阻碍个人的发展，还不利于学术的整体发展与进步。

---

① 中译本序写于 2002 年，并于 2010 年修改。

如王汎森所说，傅斯年是一位重要人物，且当时还没有出现研究傅斯年的专著，所以这个选题非常值得研究。不是说只有重要如傅斯年这样的人物才值得研究，也不是说别人做过了就不能再研究了，这不绝对，但这两个因素确实会有极大的影响。我们不排除有人能够从小起点挖掘出大内涵，但选取一位重要人物作为研究对象总是有利无害的。选择一个还未被充分研究的主题，虽然没有太多前人的观点可供参考，但我们所说的每一句话都能为后人提供对话的可能。或许某领域内最初的研究成果会有各种局限、不足，但这很正常，学术研究总是在结论不断被推翻的过程中发展的。因此，选择一个新的或不那么热门但很有潜力的课题，可以事半功倍。

当然，不是说将重要人物作为选题就可以一劳永逸。不同的人面对同样的材料，通过不同的视角进行分析，会获得不同的结果。王汎森在"中译本序"里讲了他的研究思路："我认为，傅斯年处于'后传统''后科举''后古史辨'的时代，关于他的讨论就不能不和这三者有关。首先，我是想借傅斯年看他这一代知识人的思想、心态的起伏变化。"① 从中我们可以看到其研究格局一下子就打开了。不过这个发现问题的能力不是一下子就能获得的，还是要经过系统的学术训练和专业知识的积累。

其次是材料的获取。不得不说现在做学术研究，材料的获取要比以前容易得多，在互联网上可以找到各类电子文献。在电子文献普及之前，实体文献资料分布不均导致信息不对等，而在这种情况下如果利用好自己的资源优势，就能先人一步做出有价值的研究。比如王汎森能够直接利用傅斯年档案做研究，而其他学者可能接触不到这些档案。这应当是王汎森决定改变选题的最主要的原因。余英

---

① 王汎森著，王晓冰译：《傅斯年：中国近代历史与政治中的个体生命》，生活·读书·新知三联书店 2017 年版，"中译本序"第 3 页。

时说能借助档案写论文是千载难逢的机会①，这一点也不夸张。

再次是选题和自己以往的学术研究能否串联起来。王汎森此前写过《章太炎的思想——兼论其对儒学传统的冲击》和《古史辨运动的兴起——一个思想史的分析》，所以他确定"傅斯年：中国近代历史与政治中的个体生命"这一主题是有研究基础的。通常来说，深入某一领域才能发现更多细节，而进入任何领域都需要时间的积累。比如我们追星，要花很长的时间才能了解一个人或一个组合。做学术也是一样，进入一个全新的领域不是看几本相关的著作就可以，而是需要投入大量的时间、精力。在一个领域内，我们的信息量会严重影响判断力。每个人的时间和精力有限，如果每个阶段的研究完完全全另起炉灶，那研究很有可能始终都无法深入。这也是选题要慎重的原因之一。我们的第一步决定了接下来很长一段时间内要和哪些材料打交道，所以最好是能够做一些前后有联系的研究，实现融会贯通。

最后，王汎森放弃原先准备的论文题目，转而研究傅斯年。王汎森由劳伦斯·史东（Lawrence Stone）提倡的"以问题为主干，但又不失叙事味道的历史写作"引出对《傅斯年》一书的期许："希望它是问题取向的，但同时也是可读的。"②不论是对专业读者还是非专业读者来说，可读性都很重要。王汎森实现了这一期许，即使非近代史专业的读者也能够很容易地进入文本。尽管学术论文并非文学作品，但也应当注重可读性，因为文和质当为一个整体。

---

① 王汎森著，王晓冰译：《傅斯年：中国近代历史与政治中的个体生命》，生活·读书·新知三联书店 2017 年版，"中译本序"第 1 页。
② 王汎森著，王晓冰译：《傅斯年：中国近代历史与政治中的个体生命》，生活·读书·新知三联书店 2017 年版，"中译本序"第 2 页。

二

接下来我们来看《傅斯年》的具体论述过程。

在导论部分，王汎森强调了选题的价值和意义。这在论文写作中属于基本操作，通常在论文的开题阶段就要讲清楚选题的价值。《傅斯年》的区别在于，王汎森不是简要地陈述选题的价值，而是进行了具体的论证。他在导论"1895年后的思潮与傅斯年"中，首先介绍了当时中国知识界的整体面貌，接着讲述了傅斯年在中国现代知识界的地位。这一部分从中日甲午战争中国战败后的社会背景说起，其实是在解释"傅斯年为什么成为傅斯年"。背景介绍的部分主要总结了影响傅斯年思想的三大因素：一是中日甲午战争中国战败所带来的思想冲击使得当时一大批知识分子的思想激进化；二是此次战败导致许多年轻知识分子放弃科举，再加上1905年科举制的废除彻底切断了士人和官方之间的联结，从而产生了一大批自由流动的知识分子；三是一批知识分子试图建立一个学术与现实关怀分离的现代学术社会。在"傅斯年在中国现代知识界的地位"一节中，王汎森首先指出当下对傅斯年的研究不充分，然后列举了傅斯年的主要成就：一是他个人的学术研究以及他组织和领导的重要学术群体；二是他推动了中国历史学的专业化，使之成为一个学科门类，并推动了重建中古史的运动。

这一步骤是必需的，但很多论文忽略了这一点。虽然学术论文首先面向的是专业读者，但写作者不能默认所有人都对文中所谈的问题有充分的了解。

接着王汎森进一步明确了论文将讨论的两大问题：一是五四青年的文化反传统主义的产生和发展；二是在中国建立学术社会过程中的成功与挫折。总之，导论部分讲清楚了要讨论的问题及这些问题值得讨论的原因，同时还展现了研究视野——研究傅斯年但不局限于傅斯年，将傅斯年的个案研究放到中国现代思想史中，以探究更加宽泛的主题。

从选题价值的论证到讨论要点的确定，再到具体论文架构，《傅斯年》有一个清晰且连贯的逻辑。在主体部分的架构中，我们可以看到王汎森如何清晰地论证问题。第一章"傅斯年的早年"首先简要介绍了傅斯年家乡的情况及傅斯年的成长经历和所接受的教育，然后从多个角度描绘了青年傅斯年的形象。第二、三、四章分别讨论了傅斯年在建立新历史学派过程中的作用、他的中国古代史理论以及他所主张的反内省的道德哲学。第二章主要讲了傅斯年在国外的学习经历及这段经历对他后来所从事的工作的影响，还集中论述了傅斯年和"中央"研究院历史语言研究所（简称"史语所"）相关的内容，史语所作为傅斯年建立学术社会的主要阵地，是无法绕开的。第三章涉及傅斯年的中国古代史学说，这是傅斯年个人学术主张的代表。第四章为"反内省的道德哲学"，"反内省"不仅是傅斯年思想的重要组成部分，也是五四一代人的主张，王汎森对这个问题的讨论紧紧围绕着"五四青年的文化反传统主义的产生和发展"这一主题。第六章"一个五四青年的晚年"叙述了傅斯年晚年投入的各种工作以及他的思想转变。

以上论述紧紧围绕论题，择取的都是关键性的、能够说明问题的分论点。在结语之后，王汎森加了六篇附论——关于傅斯年的研究。这六篇没有放进正文里，这涉及作者在研究过程中对材料的取舍问题。王汎森指出："这不是一本傅斯年一生的传记。传记必然要包括许多有趣的事件与交往情形，但此书对这方面的细节都尽可能地割舍了，除非它们能彰显历史的意义。生活传记方面的工作应该留给对傅氏的生平有兴趣的朋友来做，或是用一部年谱长编来表达。"[①]《傅斯年》的写作遵循了英语世界"围绕一个或几个主题来写作"的传统，这

①　王汎森著，王晓冰译:《傅斯年：中国近代历史与政治中的个体生命》，生活·读书·新知三联书店2017年版，"中译本序"第2页。

一传统是有其内在合理性的——论点过于分散就会使议论浮于表面，在有限的篇幅内把几个主要问题讨论清楚，就已经很不容易了；而与选题没有直接关联的内容，即使再重要，也不应置于主体讨论范围。王汎森采取的方法是将一些重要问题单独讨论并放在附论里，这是一个很好的处理方法，既能够完整地展现自己对主要论题的思考，又不会打乱对大问题的论证思路。

余英时也提醒王汎森："不必大幅转述傅斯年学术论文中的观点，如果想了解其学术观点的人，自然会去读他的原书，要紧的是把它放在整个时代思想、学术的脉络下来看。"[①] 当然，这一提醒是基于王汎森的研究主题本就偏向于个人与时代的互动关系的，而不只是傅斯年的具体学术思想。在论文写作中，我们要时刻聚焦自己试图讨论的问题，做自己该做的工作，不要堆砌。在当下的文学研究领域，比较常见的情况是在论文中放一些和主题并不直接相关的文本分析，这些内容放在那里也说明不了什么，我们能感受到作者不是想说明问题，而是本着"既然写了就不能浪费，一起放进来吧"的想法。除了这种情况，还有一个现象是研究者什么都想讨论，但最后一盘散沙。没有一项学术研究可以面面俱到，要抓住重点。

此外，《傅斯年》的"鸣谢"放在序言后面、正文前面。这是英语世界论文写作的通行做法，而目前中国大陆硕博士论文是把致谢内容放在正文后面的。放后面并不代表不重要，但这一顺序或许导致很多写作者不重视致谢。曾经有老师在论文写作课上问我们"论文的哪个部分抄袭最严重"，答案就是"致谢"。我们当然都没有想到。不过倒也合理，致谢确实给人一种"不属于原创思想范畴，所以抄一下也没关系"的感觉。实际上致谢和正文一样，是我们研究的组成部分。做学术从来不是孤军奋战，要对给过我们帮助的人表达感谢，无论是

---

① 王汎森著，王晓冰译：《傅斯年：中国近代历史与政治中的个体生命》，生活·读书·新知三联书店 2017 年版，"中译本序"第 1 页。

师友、家人，还是在研究上给予你启发的其他学者。王汎森在其"鸣谢"里感谢了导师余英时，感谢了对他的论文提出建议的学者们，感谢了在英语写作方面提供帮助的朋友，感谢了编辑、同事及自己的妻子。从王汎森的"鸣谢"中，我们能感受到他的真诚，而不是走个过场，硬挤出一篇感言。

那么该书之于学术，之于时代，有怎样的价值呢？首先，《傅斯年》在傅斯年研究中确实走在前沿，且内容翔实。这是第一部系统的傅斯年研究著作，到现在仍是关于傅斯年研究的最重要的学术成果之一。该著作充分论证了相关论题，让我们认识了"一团矛盾"的傅斯年，看到了他的学术贡献，也看到了他生命中的悲剧性；同时该作品还透过傅斯年剖析时代，认为除了傅斯年，还有许许多多的五四知识分子，他们也都是"一团团的矛盾"，但就是"这一团团的矛盾"在改变社会，在想方设法推翻一些、重建另一些。这无疑是一篇成功的博士论文，达到了王汎森自己所要求的专业性和可读性，是王汎森的代表作之一。对于普通读者而言，《傅斯年》条理清晰、通俗易懂，真正实现了"雅俗共赏"。

三

以下是对一些具体问题的思考。

王汎森在该书中揭示了历史学研究的挑战："如果一个历史学家紧密地回应社会的需求，他会从整体的观点来讨论历史，并且与当代问题相结合，普通民众就会成为他的主要读者；如果一个史家参与和同仁的对话，他就应避免现实眼光，严守学术界的准则。"[①] 本质上这是何谓学术的问题。并不存在"学术界的准则"，一切应从现实出发。唯有现实，才能让我们对历史问题感同身受。研

---

① 王汎森著，王晓冰译：《傅斯年：中国近代历史与政治中的个体生命》，生活·读书·新知三联书店 2017 年版，第 107 页。

究者不仅要从历史中看现实，还要从现实出发，更好地观察或者说体察历史。所有的学科、所有的学者都是为当下的人获得更好的生活而服务的，自然应该把眼光投向民众。严复、章太炎、吴稚晖等学人所呼吁的"建立一个学术与现实关怀相分离的现代学术社会"非常理想化。

王汎森在该书中提到了史语所被诟病的地方，即没有对社会和政治问题做出重大贡献，但实际上史语所已经尽自己所能，而且这本来就是史语所追求的学术态度。作为当时官方财政支持的研究机构，能够生存下来就已经是多方斡旋的结果了。包括傅斯年本人，也是一边致力于学术独立，一边在政界拉赞助。傅斯年之所以能够在那个年代做那么多事，其实是通过自己的人脉，借助了政治的力量，从官方那里获得了资金支持。与此同时，政治也对傅斯年的个人学术生涯造成了巨大的影响，傅斯年在他最后十五年的生命中没有时间做学问，王汎森使用的表述是"傅斯年的晚年生涯揭示出政治如何实际主宰并最终耗尽了他的生命"[①]。一些苦于行政工作的学者可能会对此产生共鸣，但傅斯年的行政工作对其总体的学术发展起到了极大的推动作用，如果没有傅斯年的桥梁作用，就不可能有史语所，也就不可能有那么多的学术成果问世，严苛的批评者们也就无从指摘史语所的研究与时代脱节了。这些工作总要有人做，而傅斯年确实发挥了不可替代的作用，我们不可一味地站在学术观点输出的角度，认为行政工作耽误了傅斯年做出更多的学术贡献。行政工作不利于傅斯年个人学术的发展，但之于当时的学术界，有他这样一位懂行的人来做行政工作，总好过被门外汉管理。

傅斯年的行政事务在多大程度上影响了他的学术研究，是值得商榷的。我们有很多类似的论断，比如胡适没能完成他的那些书稿也是为行政事务所累。

---

① 王汎森著，王晓冰译：《傅斯年：中国近代历史与政治中的个体生命》，生活·读书·新知三联书店 2017 年版，第 11 页。

实际上事情并没有那么简单，影响是有的，但并非决定性的。我想如果有一个绝妙的论题要写，他们就会设法把行政工作撇开。其实还是个人选择的问题，妥协的决定是自己做出的。不过设身处地想一想，这些事务确实会占用做研究的时间，所以还是应该感谢傅斯年为学术发展做出的牺牲。很多事情如果他甩手不干，可能很难有人能够做到他这个程度。

综上所述，无论从什么角度说傅斯年代表了"五四青年的失败"，都过于残忍了。他未能实现学术独立的理想，未能解决个人思想的矛盾，却也没有那么悲壮。追求学术独立，在任何时代、任何国家，都是理想性的，我们不可能抱着电脑在公海上以钓鱼为生。而且"一团矛盾"并不可悲，矛盾的才是鲜活的，才是有思想、有力量的。

《傅斯年》还让笔者对于一个问题有了新的思考。此前看《南渡北归》，发现书中多次提到"容不下一张安静的书桌"这一说法，笔者想当然地认为那样的环境之于学术发展是很不利的，但现在有了新的看法。首先单从结果看，身处乱世的学者们取得了能够流传后世的学术成果，其中很多著作，就算是在今天有安静的书房和便利的资源获取方式，也没几个人敢说自己做得出那样的研究。惯常的生活被打乱之后，反而促使人从某些方面寻求一点确定性。而对学者来说，应该就是做学术时的那种专注。反观现在的生活，能够吸引我们注意力的东西太多了，人们越发浮躁，信念感也似乎有所缺失。

结　语

《傅斯年》是一部很精彩的论著，向我们展现了一个鲜活的傅斯年，一个在知识界和政界都有涉足、有很大能量、性格极其鲜明甚至有些极端的傅斯年。

在论文写作和架构方面，《傅斯年》有普遍的参考价值，是很好的模板。在学术思想方面，该书提供了很多对话的可能。《傅斯年》可读性强，展现了五四一代学人逆势而为的坚定信念和勇气，虽然自身还是"一团矛盾"，但那种想尽一切办法推动事情向好的方向发展的劲头，让人敬佩。

🎓 作者简介

姚佳怡，女，杭州师范大学中国现当代文学专业硕士研究生。

从动物社会到人类社会

——论《从部落到国家：人类社会的崛起、繁荣与衰落》的得与失

冯　凰

［研读书目版本］

［美］马克·W. 莫菲特著，陈友勋译：《从部落到国家：人类社会的崛起、繁荣与衰落》，中信出版集团 2020 年版。

马克·W. 莫菲特的《从部落到国家：人类社会的崛起、繁荣与衰落》（以下简称《从部落到国家》）一书在某种意义上打通了生物学、人类学、社会学与历史学等学科之间的壁垒。该书从黑猩猩、倭黑猩猩、切叶蚁等动物的特征说起，将动物社会的形成方式与人类社会的进行对比，从生物本能层面上揭示人类社会产生的机制及人类历史发展的动因。人类说到底是一种动物，毫无疑问，动物社会与人类社会之间一定存在共通之处。将科学家对猩猩、蚂蚁等动物的研究成果纳入社会学，这本身就是一件有意义且有新意的事情。然而，动物与人类之间的巨大差异使得这种跨学科的研究非常困难，有时得出的结论即便看起来合理，也可能只是停留在表面，并没有直击要害。

一、从《从部落到国家》中学到的

《从部落到国家》的作者是一位生物学家，因而书中出现了许多动物例证。该书对每一种动物的介绍都深入细致，其中不乏生动有趣之处，这展现了作者突出的专业素养与出色的论述能力。对蚂蚁个体行为及其社会规则的介绍，不失为该书最吸引人的部分。作者从个体与群体的关系出发解读蚂蚁社会，进而类比人类社会，给像笔者这样的普通读者带来了新的视角与观点。

作者对蚂蚁、猩猩、狼等动物群体进行了详细说明，其最终目的是要传递他对人类社会行为的两点认识：第一，出于动物本能，人类存在许多与其他动物相似的行为特征，譬如对同类进行等级性标记，为其他成员提供社会保障，争夺权力及占有资源，这充分展现了人类动物性的一面；第二，人类之所以能发展成如今的超级社会，是因为人类能成功地将异族吸纳为己族，在原有规模上不断扩建，对新来者进行规训并使之同化，或在充分维持社会多样性的同时，利用身份认同维护社会稳定。

除了知识性的论述之外，作者还向我们传递了他对人类社会的看法。他认为"人类的悲哀无论是现在还是将来都表现为：社会不能消除成员的不满"，而如果"要从远古时代群体之间不和谐的历史中解脱出来，我们需要更好地理解自己身上存在着一种将其他人群视为缺乏人性，甚至像虫子一样的冲动"[①]。在作者看来，基因中的冲突倾向决定了人类社会时而会出现的诸如战争、侵略、屠杀等恐怖的分裂行为，想要建立一个更为和谐、友善、可靠的社会，我们就必须通过理性来纠正这种倾向，并用团结来对抗分裂——这可视为作者为解决

① 马克·W.莫菲特著，陈友勋译：《从部落到国家：人类社会的崛起、繁荣与衰落》，陈友勋译，中信出版集团2020年版，第478页。

社会问题提出的理想方案。然而综观全书，对于人类的理性与团结能达到的程度，作者似乎并不乐观。

莫菲特从人类的生物性出发说明人类历史上各种现象产生的原因，为我们探索社会发展规律提供了一个有趣、新奇的视角。跨学科的研究方法能够打开我们看待问题的思路，不同学科知识之间的沟通与融合也能给我们带来许多收获。然而这种研究思路是否真的可行，动物社会与人类社会是否可以做比较，是一个值得深究的问题。在阅读《从部落到国家》的过程中，我们一方面会被人类与动物的相似之处所吸引，另一方面会质疑其比较背后的逻辑。进一步思考作者的先在立场及其在论述过程中所采用的视角与方法，有助于我们更客观地评价这部著作。

二、作者的先在立场

莫菲特的论述中时常会出现这样的情况：介绍完物种 A 的行为特征，紧接着就介绍与之相似的物种 B 的行为特征，其中会引入人类社会的某种现象，这种现象看起来往往与前述物种的行为特征相关。比如在第五章，作者介绍黑猩猩如何运用智慧处理冲突，随后提及狼群中远超人们想象的复杂政治关系，以此说明狼的智力不容小觑，最终得出并非只有人类拥有智慧的结论："一旦我们对其他物种也进行这样的仔细观察，无疑会发现更多的动物在运用阴谋诡计方面的能力可以与猿和狼相媲美。"[1] 再比如"定居生活"这一章，在谈到领导者时，作者列举了狼群首领、大象长老与黑猩猩领导等案例，以说明不光人类社会中存在领导者，许多动物社会也是如此。

---

[1]　马克·W.莫菲特著，陈友勋译：《从部落到国家：人类社会的崛起、繁荣与衰落》，中信出版集团 2020 年版，第 80 页。

作者通过比较发现了人类与动物的许多共性，这本身没有问题，但是这种比较背后存在作者的先在立场，即人类也是一种动物，人类社会的所谓特殊之处其实并不特殊，人类社会的许多现象是基于其生物本能产生的，就像其他动物社会基于生存需要而产生的情况一样。如果不是基于这种观点，莫菲特不会把动物之间相似的禀赋在同一章节进行展示，至少不会将两种甚至更多种类的动物进行比较。基于此种先在立场的论述具有一定意义，但是难以带来深入、新颖的见解。就好比为了证明人类与微生物之间存在共性，用二者均有遗传物质、均能生长与繁殖、均参与自然界物质循环等来做证明，就现象论现象，停留在表面而无法深入。如果只是略提一笔，还可视为作者饶有趣味的发现，可惜在这本书中，尤其是前半部分，充斥着大量动物例证，与之导向的结论相比，实在是有些啰唆乃至冗余了。

猩猩与蚂蚁是该书中出现最多的两种动物。笔者想以它们为例，说明作者的先在立场存在哪些问题，以及它们如何妨碍了研究的深入。将猩猩与人类进行比较的传统在生物学领域已经存在许久了，这是因为二者除了都是灵长类动物之外，还在进化谱系上有关联，直说就是猩猩和人真的很像。如果我们去动物园近距离观察一下猩猩，就能在它们身上看到人类的影子，无论是样貌、身材，还是动作、神情。这都是来自大自然的同一种赠予，并且这种相似性是其他动物难以超越的。尽管如此，但猩猩与人的区别比相似性更加明显。与猩猩相比，人类的独特之处在于人有意识，这种意识具体表现在理解、分析、综合、比较、概括、抽象、推理、论证、判断等能力上，而猩猩基本没有这些能力。人类社会的诞生与发展，显然与这些特殊的能力关系更大，人类社会不是仅凭生物本能走到今天的。人类与灵长类动物的一些共性，能够证明人类社会的发展受到了动物本能的影响，潜藏在人类基因中的类似于标记、歧视、分裂等不同程度地左右了社会的形成与发展。然而对人类而言，超越动物本能的那部分特性，才是人类社会区别于其他动物社会的根本所在。既然要谈论人类社会的崛起、繁荣与衰落，那么就不能光介绍人与其他动物的共性，还要对起到关键作用的人的特性做一定说明，否则论述很可能就停留在对事实的描述上，最终因缺乏基本的逻辑而难以深入。

相比于猩猩，蚂蚁与人类的区别就更大了。尽管该书第五章与第六章从社会性行为出发，说明人类与蚂蚁的相似度比人类与猩猩的更高，并且给出了许多具体案例，但是这种对比的合理性有待商榷。作者不断强调蚂蚁社会的巨大规模，似乎是在为对比铺平道路。人类社会与蚂蚁社会只在成员的数量与规模上具有可比性，但在社会机制上存在根本差别。早期人类社会的规模其实很小，机制也相对简单，如今的大规模社会是在此基础上一步步演化而来的，这与蚂蚁社会从一开始便是大规模社会不同。人类本质上与黑猩猩、倭黑猩猩类似，属于小群体社会动物。虽然今天的人类社会看起来非常庞大，但是这一阶段远没有人类的进化历程漫长，人类建立大群体社会的能力是最近几千年才逐渐产生的。

为什么说人类是小群体社会动物呢？第一，在漫长的人类社会发展历程中，可以说人类在绝大多数时间都维持着较小的规模，现今的庞大规模与之相比就像是一个短暂的意外；第二，今天的人类社会存在大量的反大群体的意识形态，比如无政府主义、自由意志主义等，同时也有许多反大群体的组织，这些都是人类小群体本性的当代表达。然而作者的先在立场认为，蚂蚁社会与人类社会的相似性是由动物本性决定的，以此反推人类与蚂蚁一样都是大群体社会动物，这种先有立场后有观点的论证过程并不能带领我们走向真相。人类如何从最初的小群体社会发展成如此大规模的社会，是能够使该书的论证走向深入和立体的问题，但是作者的先在立场决定了他更多地着眼于共性，而对人类特殊性的把握不足。

三、复杂的人类社会

人是能进行复杂思维活动的高级动物，仅凭这一点，人类与其他动物就存在根本性的差别。在人类历史的发展过程中，随着管理能力的不断提升，出现了形形色色的制度和组织；随着技术手段的不断提高，人类改造和利用大自然的频率大幅增加；人类通过语言文字将各种精神遗产传承下来，又在学习过程中不断完善、更新前人的思想……人类社会的复杂程度决定了它无法与简单的动物社会进行横向对比。从这个层面来说，莫菲特的研究过于关注表象而忽视了人类社会的特殊性，因而显得博而寡要。笔者想借书中的具体案例说明作者的分析既局限于现象描述，又远离了背后的真相。

作者在提到冲突、认同、歧视、等级性标记等行为时，经常将动物与人类合并讨论，并认为这些行为背后的动机是相同的，但事实并非如此。比如，人类在采集狩猎时期采用的是小群体的合作方式，这与黑猩猩、倭黑猩猩的合作机制相差无几；但是当人类进入更为复杂的阶段，这种对比就显得不合时宜，因为它无法解释为何只有人类发展出诸如城邦、封建制国家、帝国以及其他各类宗教组织。更大的社会群体的出现离不开人类思维与组织能力的提升。与此同时，不具备高级思维能力的黑猩猩、倭黑猩猩，它们的社会机制仍停留在原始阶段。再比如，作者认为人类之所以会不停地掠夺更多的奴隶，是因为单靠奴隶的生育满足不了社会的需求，就好比蓄奴蚁为了稳定奴隶数量，不断攻击其他蚁穴以获得奴隶。然而除了社会功能上的需求之外，人类对特权和财富的贪欲也促成了这种行为。

人类社会的复杂性在于，我们很难仅仅通过本性或本能来探究某种现象的根源。一种社会现象往往是在多种因素的共同影响下产生的，这些因素有时包含本性的成分，但许多时候是由其他因素起主导作用的。相较之下，动物社会的运作机制就显得简单许多，它们往往基于本能的需要发生相应的行为。换言之，动物的个体或集体行为都服务于某种生存需要。而人类的需要则非常复杂，按照马斯洛的需求层次理论，除维持简单的生理需要以外，人类还有被尊重的需要、认知和审美的需要、实现自我价值的需要等等。人在实现诸多需要的过程中，创造了各种各样的策略，并为自己的行为赋予了价值和意义，这就使得人的许多行为具有意识形态色彩，而不仅仅是出于原始的动物本能。因此，将动物社会的研究成果平移到人类社会，不仅无法加深我们对人类社会的认识，而且有可能把我们带入误区。

笔者并不认同作者在该书最后提出的观点，即"人类有能力通过审慎的自我纠正来对抗我们基因中的冲突倾向"[①]。与之相反，笔者认为人类作为群体动物本应该崇尚团结，却时常因为不够团结而产生各式各样的冲突乃至暴力事件。虽然唯有团结才可以尽可能地延长群体的生命——这也是笔者所了解的多数群体动物所采取的生存手段，但是历史上层出不穷的分裂现象证明了人类社会中的大量冲突恰恰是由人类强大的思维能力、对权力和财富的贪欲等带来的，这些后天形成的东西加剧了人类的冲突倾向。

人类发展到今天，不仅与他的近邻黑猩猩或倭黑猩猩存在天壤之别，其社会内部也表现出各种矛盾与差异，包括但不限于种族的、国家的、地域的、性别的、文化的、政治的与经济的。如果要对人类社会进行研究，从以上任何角度进行都足以穷尽研究者的一生，我们又怎么能把人类社会与动物社会进行简单的类比呢？由此看来，将大量成因不同、性质各异的社会现象归结于人的生物性，是十分懒惰、隔靴搔痒的论述行为，它使得原本复杂而深刻的社会现象变得简单而透明，仿佛只要从生物学角度切入就能找到问题的答案。这可能是

---

① 马克·W.莫菲特著，陈友勋译：《从部落到国家：人类社会的崛起、繁荣与衰落》，中信出版集团2020年版，第479页。

因为作者生物学家的身份所带来的视角上的局限性。

四、社会科学研究的特殊性

生物学具有许多自然科学的性质，比如生物行为都是由本能决定的，因此在生物世界，结构和功能的关系是高度一致的。啄木鸟长长的喙方便其啄食虫类，鲨鱼的流线型身体使其能够在大海里畅游，老虎的尖牙利齿使其能够捕食。社会科学的研究对象是人，人也是一种动物，所以我们会想当然地认为社会科学与生物学有着紧密的联系，甚至把生物学视作社会科学的基础。然而人与其他动物的显著区别在于，人不仅具有生物本能，还讲究策略，具有其他动物所不具备的高级思维能力。人的这一特性，使得以人为研究对象的社会科学研究注定具有挑战性，而莫菲特的论述恰恰忽视了这一点。笔者想从社会科学研究与生物学研究的几点区别出发，说明《从部落到国家》的不合理之处。

第一，自然世界中广泛存在的结构和功能的统一，并不适用于人类社会。一方面是因为人类的行为动机往往比较复杂，不像其他动物一样纯粹为了满足本能的需要；另一方面则是因为人类具有极强的创造力和思维能力，这使得人类能够创造出各种各样的结构以满足不同的需要。因此，我们很难像研究动物那样，简单地从结构出发推测功能，或者从功能出发反推结构，因为其结构与功能不再是一一对应的关系。莫菲特在该书中指出："当一个社会出现一个国家的组织机构时，宗教的作用通常已经发生了改变，并被用来进一步强化人们的身份特征。"[①] 笔者大致能明白莫菲特的意思，即宗教作为一种身份标记，能够使追随者团结在一起，从而维持社会的稳定。问题在于，宗教在人类社会中

---

① 马克·W.莫菲特著，陈友勋译：《从部落到国家：人类社会的崛起、繁荣与衰落》，中信出版集团 2020 年版，第 395—396 页。

并不总是扮演正面角色，它与腐朽的政治结合在一起就会带来黑暗，与恐怖主义结合在一起就有可能会让许多无辜者丧命——它在人类社会中起到的作用要根据具体情况而定。简单地把宗教视为一种身份特征，是对社会研究特殊性的忽视。

第二，生物机制的运作方式都符合进化的要求，而人的特性却带来了大量的反进化论原则的社会机制。人类社会的发展并不总是向好的、合理的方向前进，有时可能会走向残忍与狂暴，历史上屡见不鲜的战争与屠戮事件证明了这一点。人类社会机制的运作方式有时会背离其存在和繁衍方式。因为对于人类而言，生存和繁衍不再是最为重要甚至是唯一的目标，人作为个体对权力和成功的欲望，与其作为基因载体所要负起的生物学责任（繁衍生息、服从于群体、维持环境稳定等）常常发生矛盾，因而人类社会不具有生物世界所具有的系统特征。由于社会不是一个稳定的系统，人类的历史也就不需要遵循某种放之四海而皆准的规律。《从部落到国家》所持的进化论观点适用于对其他动物的介绍，却不适用于人类社会。人类经历了漫长的发展过程，他们身上的社会性早已超越其生物性，社会性占据越来越突出的地位，而作者把更多的目光放在了早期（比如作者屡屡提及的采集狩猎时期）人类身上。在此笔者大胆猜测，作者的这一举动是因为早期人类身上的动物本能更为明显，拿他们来做例证显得更有说服力；或者作者出于先在立场，即本能在人类社会与动物社会的发展中发挥了主要作用，不自觉地向早期人类靠拢。

第三，还原论的方法在生物学研究中或许很好用，却不适用于社会学研究。生物学的研究对象有多个层次：群落、种群、个体、器官、细胞等等。有些生物现象的产生原因要通过分析更低层次的机制来解释。社会学的研究对象也有层次，根据不同的标准有不同的划分结果，把某种社会现象的产生原因归于更低层次的机制，很难带来有价值的讨论。比如国家出现的政治危机很难从公民身上找到答案，局部地区的武力冲突也无法还原到个人的意志上。《从部落到国家》执着于从动物本能着手论述小型人类群体的行为模式，比如位于太平洋富图纳群岛的锡加维和阿娄两个酋邦及布希曼人与塔斯马尼亚的原住民，这对于我们理解整个人类社会来说帮助不大。

第四，生物学的不少研究可以通过控制实验的方法来推进，社会学虽然也可以运用控制实验法，但是因为同一社会现象的影响因素太多，并且有许多难以量化的因素（比如社会观念、法律、道德、伦理等等），所以控制实验法对社会学研究的意义不大。因此，由控制实验法得来的生物学结论很难直接用于社会学研究。

五、结　语

社会学研究的特殊性表明将人类社会作为独立的存在进行研究很有必要。从动物社会研究走向人类社会研究是一个美好的理想，但是在可以预测的未来难以实现，这主要是由人异于其他动物的特性、人类社会的复杂性以及社会学的特殊性决定的。《从部落到国家》一书为我们展示了生物学研究成果在社会学及人类学领域的运用。虽然这种跨学科的交流还不甚理想，但是它提供了一种新的研究视角，也提供了一些生动有趣的专业性讲解。

作者简介

冯凰，杭州师范大学人文学院中国现当代文学专业硕士研究生。

下编

世界视域中的
中国及东亚文明

汉学家视野下的中国诠释学

——评方泽林《诗与人格：传统中国的阅读、注解与诠释》

钟依菲

[研读书目版本]

方泽林著，赵四方译：《诗与人格：传统中国的阅读、注解与诠释》，商务印书馆 2022 年版。

《诗与人格：传统中国的阅读、注解与诠释》（以下简称《诗与人格》）是美国汉学家方泽林所写的一部研究中国《诗经》诠释史的专著，译者为赵四方。方泽林认为，在大多数有关中国思想的研究中，从诠释学的视角出发进行论述在很大程度上是缺失的，然而"中国文化可能比历史上任何其他的文化都要关注解释的问题"[①]。的确，不管是商朝带有预言性的甲骨卜辞，还是儒家、道家、佛家经义的传播，都需要通过对经典文本的注解来达到传达意义的目的，这实际上涉及了诠释的问题。通过研究中国诠释学，我们可以更好地理解中国传统经典如何被书写和阅读。同时，我们要注意的是，当一个文本成为权威性文本，即获得了

---

① 方泽林著，赵四方译：《诗与人格：传统中国的阅读、注解与诠释》，商务印书馆 2022 年版，第 3 页。

文化中的权威地位与优先价值时，被称为"诠释学"的那种极为严肃而审慎的理解才会出现。因此，作者就在第二章中表明中国古代的文本为这种诠释学提供了汉代以前的背景，并通过研究《论语》中的诗篇，论述了《诗经》成为儒家经义中的核心部分这一圣典化过程。对《诗经》的诠释过程可以分为两个时期：一是作者所谓诗的"中古"理解的兴起和发展，这一时期包括孔子、孟子、荀子等对《诗经》的诠释，《毛诗序》尤其是其中的《大序》对诗的解释，以及《五经正义》对经典注释正统地位的确立；二是宋代对经学的革新，主要讨论了欧阳修、程颐、程颢、张载、朱熹等人的观点。因此，该书并不是对《诗经》内容的解读，而是对中国历史上主导《诗经》的解释原则的探寻以及对《诗经》的解释史的考察，这为研究中国的诠释学史打开了一个视角。本文将围绕《诗与人格》一书展开，对作者在书中提出的一些观点进行总结和评价，发掘其中的新意和不足，并试图对该书的内容进行延伸阅读，探讨该书带给我们的启发。

一、汉学家视野下的中国诠释学

方泽林是一位汉学家，又名范佐仁，1986 年毕业于哈佛大学东亚语言与文明系，获博士学位；师从著名汉学家本杰明·史华兹，任教于斯坦福大学亚洲语言文学系。一直以来，很多汉学家在研究中国的文学、文化、文明，他们或许会在民族文化上与中国文化有一定的隔阂，但是他们广博的知识和特有的思维方式为国内的相关研究提供了不少思路。

段玉裁在《说文解字注》中写道："高注曰：诠，就也。就万物之指以言其征。事之所谓，道之所依也。"[1]因此"诠"有说明之义，说明事理、真理。由"诠"构成的双音词，也多强调"真""正""择序"之义，比如"诠正""诠注"。

---

① 段玉裁：《说文解字注》，中华书局 2013 年版，第 94 页。

对于"释",《说文解字》中有"释,解也。从采;采取其分别也。从睪声"①。张江认为,"释"的形——"采",在《说文解字》采部中有"辨别也。象兽指爪分别也"之义;而"释"的音——"睪",在《说文解字系传校勘记》中有"睪,目视也。目视所以分别物也"。由此,得出"形与音皆重于'分',此乃'释'之本义的核心与要害,由此而引申有关阐释学的首要之义,当为'解说''阐明'义"②。从上述内容可以得出,"诠释"就是解说、阐明事理和真理。方泽林在《诗与人格》一书中从《论语》出发,梳理分析了历代解释《诗经》的原则,并以此考察中国的诠释史。根据方泽林对《诗经》诠释史的划分,该书的内容可以分为两个部分:第一部分是第二章至第五章,对应《诗经》诠释的中古时期;第二部分是第六章至第八章,对应宋代以后对经学的革新时期。

作者首先从孔子的《论语》出发,认为历史上的孔子在很大程度上存在于口耳相传、前文本的经义文化中。在这样的背景下,文献所具有的特征是:第一,文献常在传播过程中变得更加具体,它们会先经过叙述性和解释性语境的扩充,再经过连接性文本的扩充,比如《论语》和《左传》中的有些章节都被润色过;第二,文献会引入和融合一些后世的关怀,《论语》中的内容有着后世儒家的印记,这部分文献包含丰富的史料,让我们得以了解那些学派及其关怀所在。在口耳相传的经义文化背景下,文本的出现很可能是由于不同学派在儒学正统上的竞争,它们必须阐释自己才是孔门传统的权威和正统。在这方面有一个特殊的争论焦点,就是《诗经》。在前文本时期的经义文化中,学派的核心学说相对是不固定的,因此在传承过程中可以对其进行扩充、重塑等。但是在以文本为基础的文化中,"非文本"的学说已被固定成文本,因此只能通过解释的方式将经义与新的问题及关注点进行调和。如上所述,大量口耳相传的学

---

① 段玉裁:《说文解字注》,中华书局 2013 年版,第 50 页。
② 张江:《"解""释"辨》,《社会科学战线》2019 年第 1 期,第 77 页。

说转变成固定的文本，而诗篇的历史展现了文本产生的另一种过程，即此前并不具有权威性的文本被赋予了权威性。对于这一点，作者提出了"柔性文本"（text in the weak sense）和"刚性文本"（text in the strong sense）的概念，认为《诗经》的圣典化过程就是"柔性文本"转化为"刚性文本"的过程。这一过程可以分为三个阶段，即合乐之诗、辞令之诗、学习文本之诗。在早期篇目合乐之诗阶段，孔子关注更多的是诗的音乐，或者是它们在典礼中合乐的作用，而不是言辞。在中期篇目辞令之诗（作为前文本的诗）阶段，通过《论语》中的引诗和《左传》中的赋诗现象，我们可以看出当时诗作为一种优秀的修辞和手法，可以对某一观点进行修饰或精简，且不受诗的原意的束缚，但诗本身仍不是研究和解释的对象，还只是前文本。在晚期篇目学习文本之诗（作为"刚性文本"的诗）阶段，《诗经》文本逐渐制度化，慢慢变成一种可以被阅读和研习的文本，由此对《诗经》的诠释成为主要问题。

后来出现的"人格隐晦性"问题，表明儒家学派逐渐意识到，一个人的人格也许不能由明显的行为完整地反映出来，人与人格开始变得复杂和晦暗不清，理解他人这一问题产生了新的复杂性。由此，"志"引发了诠释学上的问题。如果是公开的"志"那还好说，但是"志"的表露是不完全的，比如伪善。因此，"志"似乎提供了一种理解人格的方法，与此同时也引发了诠释学上的问题。作者以《论语·先进》第二十六章"子路、曾皙、冉有、公西华侍坐"这一篇为例，论述"言志"与诠释的关系。正是对人格的隐晦性有了更深入的认识，才出现了道德诠释家。道德诠释家是在诠释学和道德上有成就的人，比如孔子和《左传》中的赵孟通过他人的"言"来评判他人的人格，这反映出解释和诠释已经有了越来越重要的地位。接下来的孟子和荀子又对经学的制度化起到了推动作用。荀子的重要性在于阐述了一个观点，那就是作诗者无论在何种情况下都是儒学神话中的道德完人或圣人。因此，诗背后的动机——所言之志——无论在何种情况下都具有典范意义上的规范性。这种观念对于荀子的《诗经》观以及《诗经》在德教方面的地位而言至关重要。在由《毛诗序》所开启、由唐代《毛诗正义》所发展的中古《诗经》学中，它也是居于核心地位的。

作者接下来研究《毛诗序》中的《大序》对《诗经》的诠释，并提出"中国大部分诠释思想都是《大序》的注脚"①这一观点。他将《大序》分成几个部分。《大序》的一至三节讲述《关雎》为"风之始"，有两层含义：一是指作诗者对统治者所倡导的道德的回应，可以引申为"风化""风教""风俗"；二是指"讽"，讽刺某人，尤其是讽刺君上，作诗者希望通过"风"诗间接讽劝来感化统治者。由此，《关雎》具有了道德典范意义，经历了制度化和经典化，变成了一种"礼"。第四至七节是关于诗是如何产生的：第四节"在心为志，发言为诗"强调了"志"与"诗"二者的深度统一，在作者所谓的"尽善的印迹"中，诗以恒久统一的形式来铭记和保存"志"。第五至七节则将诗与适当的情感相联系。《大序》的几个主要观点是有内在联系的，即《诗经》完整地描述了作者的真实之"志"，而这些"志"具有典范意义上的规范性，会对"情"进行塑造，于是《诗经》在个人修身和社会转变方面都是不可或缺的，从而有了变革性的力量。但《毛诗序》是由早期文献和语录拼凑而成的混合体，无系统可言，而唐代的《毛诗正义》则提出了一种统一、全面、系统性的《诗经》叙述，即通过不断的解释，将《毛诗序》中的观点变得更加普遍和统一，从而起到了辩护的作用，弥补了《毛诗序》中的不足之处，也打开了儒家学派的经义解说。《毛诗正义》的出现成功确立了经典注释的正统地位，但随着其主导权的确立，那些作为基础的庞大解经传统逐渐遭到废弃，并最终走向消亡。

以上为作者所称的中古时期的《诗经》阐释史。该书的第二部分包括三章。宋代是《诗经》学历史上重要的转折期，此时对《诗经》的研究有两种表现：一

---

① 方泽林著，赵四方译：《诗与人格：传统中国的阅读、注解与诠释》，商务印书馆2022年版，第62页。

是对既有解经传统展开批判；二是通过新的一般诠释学对经典进行深入研究。这两者之间存在辩证关系，相互影响、相互促进。方泽林将宋初的经学分为三种倾向：一是"制度性"倾向，试图在经典中发现国家和社会制度改革的蓝图，代表人物是王安石；二是"形而上学"倾向，试图在经典中发现道德宇宙论的轮廓，代表人物是邵雍、周敦颐；三是"个体修正"倾向，至此，一般诠释学才在中国形成，此时它不仅关注某部经典中的特定问题，还关注对所有文本都行之有效的诠释方法。在这个意义上，诠释学在中国真正成为一种自觉的、理论化的反思对象。

在宋代经学变革中，最重要的人物是欧阳修。在对欧阳修的评价中，作者着重强调他在具有反传统主义思想的同时仍带有保守主义。欧阳修反传统主义的表现有两种：第一，强调坚持文本的自然与"平易"，认为诗应该作为一种普通的话语，同时主张诗的语言不应像早期诠释那样晦涩，这带来的结果是诗背后的"志"与"意"可以从诗本身的语言中推断出来，而不需要求助于解经传统；第二，驳斥了将"意""义"强行赋予诗篇的做法，认为这些解释会破坏诗的文本意义，是一种我们当下所说的"强制阐释"。但是该书提到欧阳修有相对保守的倾向：欧阳修指出经学家应该对既有的解经传统予以认可——解经传统在很大程度上是正确的，他也允许对其进行批评和改易。由此我们发现欧阳修的诠释学实践和他的理论是有些脱节的。方泽林一方面将此归因于欧阳修的反传统主义的狂妄，即忽视了伽达默尔所提出的"期待"和"前见"的"视域"限制；另一方面，他认为欧阳修的矛盾可能来源于他的衰老或对后世学者给予的评价的担忧。

十一世纪，新儒学有三位重要人物——程颐、程颢和张载。这一时期，新的诠释学发展源于"传统注疏再也不足以作为经典理解的指导准则"这一普遍观点，于是一种新的诠释学得到了阐述、取得了进步，而关于注疏传统的讨论则很少。在这部分，方泽林着重探讨了程颐的几个观念：第一，"滞泥"。他认为"滞泥文义而不通"。第二，"运用与理解"。"作诗"这一模糊的术语在许多早期的文献中既指"创作诗歌"也指"吟咏诗歌"，这种把阅读当作重演的思想启发了程颐，他认为最好的读者可以将文本内化并运用起来。第三，"品味文本"。这一过程有两个维度，公开的和"行为的"是"吟诵"，相对理性和内在的是"反思"。作者在这里借助程颐的观点给读者提供了一些阅读方法。

关于阅读方法的大篇幅论述在最后一章，这一章谈到的是朱熹。读完这一章我们发现，方泽林着重论述的不是朱熹的著作《诗集传》，而是他的诠释学学说。关于朱熹的诠释学学说，方泽林是通过对《朱子读书法》的解读展开的。他将朱熹的读书法提取为"三段式"纲领：一是"少看，熟读"；二是"反复玩味，体验"；三是"不必想象计获"。这一颇具现代色彩的读书法在我们当代读者眼中并不生疏，但是读完《朱子读书法》后，我们发现这只是该书的一部分。方泽林认为这些读书法和朱熹的诠释学说相关，笔者认为这一观点是存疑的——这就涉及方泽林在研究中的一些缺陷。我们将在第二部分展开对该书的一些观点的评价。

二、建构中国诠释学的新尝试——见与不见

方泽林在《诗与人格》一书中试图展现中国诠释学，他从较为新颖的角度提出了一些很重要但是被很多人忽视的观点，这给我们当下的研究带来新的思考和启发。

首先，方泽林关注到《论语》在传承过程中的"再创造"问题，开始有意识地分析被忽视的孔子思想的传承过程。我们在中学阅读《论语》时，总会看到这样一条注释——《论语》为语录体文学，由孔子的弟子整理而成。由此，我们便会产生一种思维定式，认为《论语》就是孔子的弟子对孔子所述教义的如实记录。实际上，正如方泽林所说，孔子处在前文本时期，此时还没有固定的文本，而孔子的弟子们后来成为各学派的引领者时，他们需要为自己的学说树立权威，此时他们会有意识地对他们所听闻的孔子教义进行一定的删改和强

调。孔子的学说被反复阐释，最终成为文本的《论语》不可避免地带有后世儒家的印记。方泽林关注到《论语》的这一"再创造"问题。不仅如此，方泽林还注意到孔子的弟子在阐释之后所形成的新的观念，因此《论语》所带有的后世儒家的印记包含丰富的史料，这正是我们得以理解那些学派及其关怀的关键所在。从诠释学的角度看《论语》的生成过程，我们发现，学说的传承并不是简单、直接的，而是受到许多历史和人为因素的影响，这让我们在研究《论语》时可以从更广阔的视野着手。

其次，方泽林以同样的诠释学思维将《论语》中的诗篇分为：合乐的诗、作为前文本的诗、作为"刚性文本"的诗。在其论述中，我们可以看到方泽林这位汉学家阅读的广博度和研究思路的新颖性。方泽林认为，《论语》早期篇目中的诗是合乐的诗，并认为孔子在这一时期更加关注诗的音乐性特征。这一方面是因为《论语》在提及一首诗时往往关注它的合乐表演或音乐性质，如《论语·泰伯》中"《关雎》之乱，洋洋乎盈耳哉"的形容；另一方面则是因为孔子在评价《关雎》时采用的评语往往和音乐相关，并非和文本相关，如《论语·八佾》中的"子谓《韶》，'尽美矣，又尽善也'"。方泽林的论证具有说服力，而且他注意到孔子关注诗的音乐性特点，这说明他对先秦文献的阅读是比较深入的。对于《论语》中期篇目中的诗，方泽林认为它们是作为前文本的诗，即此时的孔子和他的弟子们已经关注到诗的文本，但是此时的"引诗"不过是将诗作为可以抽离出原始意义的论证工具，而不是将其作为研究与解释的对象。在这里，方泽林为"断章取义"的"引诗"方式做了辩护。在我们的印象中，断章取义地选取诗篇中的一部分来论证自己的观点，带有强行附会的意味，但是方泽林从诠释学的视角出发，认为这种方式在先秦用诗中真实存在的行为在诠释学上意义重大。正是它的出现，才让读诗者对诗篇的欣赏从音乐转向言辞，从而拉开了诠释的序幕。这一观点的确为我们展现了看待"断章取义"的另一个角度，表现出方泽林思维的发散性、研究的创新性等特点。方泽林认为《论语》中的晚期诗篇已经是"刚性文本"的诗，即可以研习和解释的文本。他的论证角度的新颖性吸引了笔者，他的论证主要是依托《论语》中关于诗的语录展开的，在这里他选择了《论语·季氏》中伯鱼给陈亢讲述的有关孔子对他的教诲："不学《诗》，无以言""不学《礼》，无以立"。我们阅读后可以得出孔子对《诗经》和礼的评价。如果从诠释学的角度来看，这一篇目中最重要的其实是陈亢的"问一得三"——"闻诗，闻礼，又闻君子之远其子也"中的最后一"得"。陈亢得知孔子"远其子"的方式，是对隐藏于语言中的真实意图的挖掘，这种探寻背后之意的理解方式，是诠释的重要组成部分。从中我们可以看出诠释学的发展。方泽林为我们展现了一个新的解读《论语》中与诗相关的篇目的角度。我们在下文还会谈到他研究《论语》篇目的方式，他的研究思路在笔者看来是该书的重要价值之一。

方泽林展现了许多我们所未见的，其中一些"未见"，是需要指出并纠正的。

首先，在上述提到的《论语》早期篇目阶段，方泽林已经关注到孔子学说的传承并不是依靠文本，孔子更加关注的是诗的音乐性特点。笔者认为方泽林的这一观点背后展现了其广博的先秦文学和历史素养，还需要指出的是，如果继续深挖下去，还可以联系到孔子思想的传承方式。《论语·宪问》中说："子击磬于卫，有荷蒉而过孔氏之门者，曰：'有心哉，击磬乎！'既而曰：'鄙哉！硁硁乎！莫己知也，斯已而已矣。深则厉，浅则揭。'子曰：'果哉！末之难矣。'"① 磬是"颂"的基本伴奏乐器，演奏的是严肃的音乐。孔子在卫国击磬，通过"硁硁乎"的声音表明了他的志向。这一篇目中的荷蒉者由孔子"击磬"这一行为得知孔子的学说教义，并对其进行"深则厉，浅则揭"的讽刺，这从侧面向读者展现了孔子传道的方式或许更注重"行"而不是"言"。在《论语·先进》第二十六章"吾与点也"中，孔子以"展演"为主的传道方式表现得更为突出。方泽林对此篇的解读是从诠释学的角度出发的，他认为孔子赞同

① 杨伯峻译注：《论语译注》，中华书局 2015 年版，第 227—228 页。

曾点的原因主要在于曾点"风乎舞雩，咏而归"的志向的"显"和"真"，这是明确的话语表露，避开了解释，表现出当时潜在的诠释学思维倾向。但是方泽林没有论及曾点的志向内容。从古至今，对于"曾点之志"的解释非常多，笔者更倾向于清儒所做的宗教祭祀之解，表达的是"孔子'乐和民声的礼乐政治理想'"①。宋凤翔通过考证，推断得出曾点所咏的歌是《诗经·丝衣》，这表明曾点的志向不仅仅是春游、歌咏等，还包含礼仪教化，而礼仪教化的思想是通过"展演"的实践方式传递的，这就再次论证了孔子注重实践性的学说传承方式。当然，方泽林更为关注的是中国诠释学的发展，因此没有论述孔子实践性的学说传承方式是情有可原的。

其次，方泽林在第四章中着重阐述了《毛诗序》中《大序》在《诗经》诠释史上的重要地位，《大序》所提到的情感问题对于《诗经》诠释史来说是一次重大飞跃。《大序》中写道："诗者，志之所之也。在心为志，发言为诗。"②这说明《大序》当时已经把诠释《诗经》的意图转移到作诗者的原意上，"志"定义了诗的实质，诗实际上也以语言的形式成功实现和保存了作者之"志"。然而一些文献的出世使得方泽林的这一观点的价值大打折扣。该书的英文版是在1991年出版的，中文译稿是由赵四方在2021年完成的。1994年以来，我国上海博物馆陆续购入书简，其中就发现了《孔子诗论》。《孔子诗论》的出现使得学界对先秦诗学的发展有了新的认识。在发现《孔子诗论》之前，学界所研究的先秦诗学理论主要来自《论语》中的若干篇孔子语录。学界将先秦的文学思想发展阶段定性为"萌芽"阶段。通过一些学者对《孔子诗论》的研究，我们可以知晓，战国时期就已经出现了对诗中"情"的重视以及对"情"与"志"

---

① 武道房：《经学史视野中曾点之志的多维解读——兼评〈论语·先进〉"侍坐"阐释史之得失》，《中国哲学史》2009年第3期，第9页。

② 郝敬撰，向辉点校：《毛诗原解 毛诗序说》，中华书局2021年版，第34页。

的关系的探讨，同时还有对诗境等级和审美层次的划分。[①]战国楚竹书《孔子诗论》包含的先秦诗学著作种类丰富、理论成熟，"从一个侧面说明了战国时期以《诗经》为主要观照对象的先秦诗学传播的广泛性及其繁荣发达的程度"[②]。由此我们可以得出，在先秦时代就有对《诗经》中的"情"与"志"的关系的探讨，这比方泽林所强调的展现"诗言志"转折的汉代《毛诗序》更早。由于文献战国楚竹书（上海博物馆藏）的出现，于 1991 年完成写作却在 2022 年才出版的中文译本《诗与人格》的学术价值大打折扣。"《孔子诗论》中第 10、11、12、14 等简都涉及《关雎》篇"[③]，还包含先秦丰富的诗学理论。如果有这些一手文献做支撑，方泽林在该书中应该会展现出更多有价值、有深度的观点，但这一评价涉及不可抗力因素。因此，对于方泽林丰富的学识、强大的推演能力和"大胆的假设"的研究方式，我们还是要给予肯定的。

最后是关于该书最后一章所谈论的朱熹。这一章的标题是"朱熹的新综合"，方泽林在这一章中先大致介绍了朱熹对解读《诗经》的看法：朱熹对《诗经》的看法发生过转变，他曾经受到传统经学的影响，到撰写今本《诗集传》时，已经确认《毛诗序》的解释会给理解《诗经》造成实际障碍；对于"淫诗"，朱熹不建议对其进行深入研究，其诠释学并不全是指向那些带有非规范性的态度的诗，而是那些能培养、激发正确的情感与道德的诗。接着，方泽林着重分析朱熹的诠释学学说，并且认为《朱子语类》中的读书法是非常重要的。他将朱熹的读书法提取为"三段式"纲领，即"少看，熟读""反复玩味，体验""不必想象计获"。读完这一章后可以发现，除了在论述"反复玩味，体验"这一节提及"解释者要抵制那种过早地把自己的观点强加于文本的

①　高华平：《上博简〈孔子诗论〉的论诗特色及其作者问题》，《华中师范大学学报（人文社会科学版）》2002 年第 5 期，第 57 页。

②　姚小鸥：《〈孔子诗论〉与先秦诗学》，《文艺研究》2002 年第 2 期，第 37 页。

③　姚小鸥：《〈孔子诗论〉与先秦诗学》，《文艺研究》2002 年第 2 期，第 38 页。

冲动"[1] 这一类似于"前见""强制阐释"概念的观点外，方泽林在其他部分主要讲述朱熹主张的阅读方法。这一章与朱熹诠释学主题之间的关系于笔者来说是存疑的，这是这一章的第一个缺陷。朱熹的读书法主要涉及六个读书之道，分别是"循序渐进""熟读精思""虚心涵泳""切记体察""着紧用力""居敬持志"[2]，方泽林归纳出的"三段式"纲领的确出于此，但是就朱熹完整的读书法而言，方泽林并没有在该书中将其表述完整，比如将阅读与实践结合起来的"切记体察"就被忽略了。而且，虽然朱熹的读书法对当下的我们来说仍有很大的启发性，但是也存在局限性，比如过于注重"四书五经"的指导作用而显得机械。因此，在此章中，方泽林关于朱熹诠释学的观点与下文的论述脱节，也没有完整表述出朱熹的读书之法。这是这一章的第二个缺陷。

方泽林对中国诠释学的梳理主要是通过《诗经》的解读之道进行的，然而正如方泽林自己所说的，中国的道教、佛教也有诠释学的存在。他在该书的结语部分指出了这一点："在中国传统之中，阅读、研习和注解的进路林林总总，本书所讨论的也只是其中最具影响力的一种。"[3] 在这一方面，我认为四川大学周裕锴先生所写的《中国古代阐释学研究》中的体系更为完备。

三、结语：启发和反思

方泽林的《诗与人格》从《论语》的文本生成讲起，以《诗经》为中心探

---

[1]　方泽林著，赵四方译:《诗与人格:传统中国的阅读、注解与诠释》，商务印书馆2022年版，第172页。

[2]　张洪、齐熙编，冯先思点校:《朱子读书法》，浙江人民美术出版社2017年版，第16—63页。

[3]　方泽林著，赵四方译:《诗与人格:传统中国的阅读、注解与诠释》，商务印书馆2022年版，第176页。

究中国诠释学的发展。在前文中，笔者对该书的框架和大致内容做了概述，同时对方泽林的一些观点进行了评价。该书给我们带来了一些新解，但也存在一些"未见"的问题。除此之外，笔者认为汉学家方泽林的一些研究方法是值得我们学习的。在该书中，方泽林展现出强大的推演能力，比如他通过对孔子语录的解读和推演将《论语》中的诗篇划分为三种，这体现了其"大胆的假设"的研究策略；同时，方泽林在解读《论语》篇目时使用的新奇角度值得肯定，其新奇性最突出地表现在上文提到的《论语·先进》第二十六章"吾与点也"这一篇中，他选择从诠释学的角度说明"曾点之志"的价值所在，认为曾点的志向不仅展现了礼仪教化和人格品质上的价值，还展现了诠释价值，即因其"真"而避免了"伪"，是更为明确、明显的解释。这为我们打开了一个新的视角，这一发散的思维方式可以帮助我们在未来的研究活动中拓展思路；而方泽林选择《大序》作为主要论述对象的方式也是值得学习的，因为这避免了该部分的论述过于冗长，使论述更有焦点。

虽然方泽林的研究方式存在缺陷，比如只有"大胆的假设"而缺少"小心的求证"，即假设太多、证成太少；在对《论语》中的篇目进行分析时，他所采用的相异性标准缺少一定的科学性，因而说服力不够。但是在阅读完该书后，笔者收获颇多，也领略了一番汉学家从不同视角进行研究的风采。

作者简介

钟依菲，杭州师范大学人文学院中国现当代文学专业硕士研究生。

从《菊与刀：日本文化的类型》看日本的国民性

唐　梅

[研读书目版本]

[美]鲁思·本尼迪克特著，吕万和、熊达云、王智新译：《菊与刀：日本文化的类型》，商务印书馆 1990 年版。

一、引　言

《菊与刀：日本文化的类型》（以下简称《菊与刀》）一书影响巨大，被认为是研究日本社会文化的典范之作。该书主要讨论两个问题：一是日本人的行事风格；二是日本民族矛盾性格的成因。此书诞生的背景特殊：1944 年第二次世界大战接近尾声，日本败局已定，而加紧制定战后对日政策成为美国当局的紧要任务。人类学家鲁思·本尼迪克特受美国政府委托把日本作为研究对象。因当时两国交战，实地调查难以实现，作者以留美日本人为访谈对象，并借助有关日本的书籍、影像等进行研究。"菊与刀"是作者从日本社会文化模式中提炼出的日本人形象——崇尚礼仪、尊奉武力的双重矛盾体。"菊与刀"成为贯穿全文的"纽结"，是我们今天认识日本文化模式的重要线索。

那么，什么是"菊与刀"呢？在序言部分，译者指出"菊"和"刀"是日本文化的象征符号，"菊"是日本皇室家徽，"刀"是日本武士道的象征。在该书中，本尼迪克特用"菊"与"刀"来指代日本国民双重的矛盾性格，她在该书中总结日本的国民性有"菊的温婉，刀的锋芒"。以"菊"和"刀"来象征日本人的矛盾性格，亦即日本文化的双重性（如爱美而又黩武、尚礼而又好斗、喜新而又顽固、服从而又不驯等）。[①] 这种具有双重性和自我压抑性的性格，成为西方人眼中日本国民的性格特征。

正如本尼迪克特所言，《菊与刀》不是一本专门论述日本宗教、经济、政治或家庭的书，而是探讨有关日本人的生活方式的著作。在该书中，她将人类学中用于研究族群社会形成的文化模式和文化与人格理论应用于近代日本社会的研究中；从探析日本民族的行事风格和意识形态出发，建构日本以"东洋道德，西洋艺术"为指导的文化价值体系，并进一步钩沉潜藏在日本民族那些匪夷所思的行为背后的动机与成因。作者从等级制度、义务与恩、义理与仁、情与修养、双重性格五个方面进行论述，分析了日本大和民族的外部行为及其行为背后的文化模式。作者认为，与欧洲奉行的个人主义截然不同，日本的社会组织展现出的是"舍弃小我，成全大我"的集体主义；日本的文化亦然，与欧洲流行的旨在内在克制的"罪恶文化"相反，它是一种强调外部约束的"耻感文化"。

二、日本国民性格的双重性与耻感文化

"菊与刀"清晰地表达了日本人的双重性格。本尼迪克特开篇明义，将菊与刀作为日本的文化符码，展示大和民族的矛盾形象。

---

① ［美］鲁思·本尼迪克特著，吕万和、熊达云、王智新译:《菊与刀：日本文化的类型》，商务印书馆 1990 年版，"序"第 2 页。

不同文化传统都有自己的关于战争的信条，本尼迪克特以"等级制度"来解释日本发动战争的心理。日本是一个等级分明的国家，天皇处于金字塔的顶端。天皇俨然成为对外的国家符号、对内的精神象征。日本国民将天皇的一切话语奉为圭臬，对天皇的崇拜和狂热如同宗教信徒对神的信奉一般。宗教信徒将神所说的话奉为神谕，神谕无人质疑，这为日本"确立新秩序"、发动战争找到了借口。对天皇绝对服从的思想，可以短时高效地整合日本国民思想，提高其国民凝聚力。当天皇宣布停战时，即便是宁死不降的日军也会听令放下武器。[①]于是，本尼迪克特在第一章结尾总结道：日本会投降，却不能被美国统治。事实果然如此，神风特攻队在战争尾声仍拼命用自杀式的进攻报答"皇恩"，但是当天皇宣布投降后，他们马上采取完全合作的态度。[②]以天皇为尊的等级社会形塑了日本国民"能屈能伸"的双重性格。

作为极端主义的践行者，日本士兵奉行"荣誉就是战斗到死"，神风特攻队的自杀式进攻体现了他们所谓的武士道精神。日本当局关于兵员消耗理论最极端的实践则是不投降主义。日本士兵也将投降行为视作奇耻大辱，宁可自杀也不苟活。本尼迪克特在书中指出："日本人不仅对战俘，而且对他们自己的同胞，也都犯了虐待罪的。"[③]投降可耻的思想已经深深烙在日本人思想的深处。在攻守之势已然变换的战争尾声，出现了戏剧性的一幕——部分日军被俘后竟然与盟军合作。这令人惊愕的现象引起了本尼迪克特的注意。她想用"其中的个人主义或者市民社会等社会性的总体概括"探讨部分日军何以在"刚烈"战斗与

---

① 耿宇：《〈菊与刀〉中的日本人形象》，《山西师范大学学报（社会科学版）》2014年第41期第 S1 期，第 77—79 页。

② ［美］鲁思·本尼迪克特著，吕万和、熊达云、王智新译：《菊与刀：日本文化的类型》，商务印书馆 1990 年版，第 135 页。

③ ［美］鲁思·本尼迪克特著，吕万和、熊达云、王智新译：《菊与刀：日本文化的类型》，商务印书馆 1990 年版，第 27 页。

"柔和"投降间轻松切换。① 她提出疑问：他们的这种行为方式，我们在战后能否加以利用？

　　本尼迪克特深入研究日本国民的性格，她认为耻感文化是其性格双重性的内在特征。耻感文化强调外部约束力，强调的是他律性的道德，与主张内在约束的"慎独"不同。耻感文化主张只有罪错暴露才会受到他人的谴责与惩罚，社会才会把耻辱降到个人头上。日本是一个环境相对封闭的岛国，一旦遭受到国际社会的谴责，就会认为受到了极大的耻辱，便觉得无地自容，以自杀挽尊。因此日本被称为"自杀的王国"。本尼迪克特在书中论述了"二战"期间日本人在紧急情况下对伤病员的态度：在新几内亚和菲律宾，日本人常常不得不从有医院的地点撤退，他们却未曾在尚有条件时预先转移伤病员。只有在部队真正执行所谓"有计划地撤退"，或是敌人已经出现在眼前时，他们才想到要采取一些措施。那时，日军的军医往往在临走前先将伤病员全部枪杀，或是伤病员通过手榴弹自杀。② 种种怪异的行为动机与耻感文化息息相关。

　　日本人完全符合耻感文化的所有特征，这一总结散见于《菊与刀》全书。本尼迪克特在书中写道：日本人总是处于一种对人生极为小心谨慎、循规蹈矩的行为世界之中，他们必须密切注意别人的行动所体现的暗示，并强烈地意识到他人对自己行为的评价。若罪错不为人所知，则没有群体压力。耻感文化社会中的个体，其行为动机的出发点是考虑他人的评价，以受人夸赞为荣，以被人贬斥为耻。"在以耻为主要强制力的话中，对那些在我们看来应该是感到犯罪的行为，那里的人们则感到懊恼。这种懊恼可能非常强烈，至不能像罪感那样，可以通过

---

① 翟学伟:《耻感与面子：差之毫厘，失之千里》,《社会学研究》2016 年第 1 期，第 1—25 页。

② ［美］鲁思·本尼迪克特著，吕万和、熊达云、王智新译:《菊与刀：日本文化的类型》，商务印书馆 1990 年版，第 27 页。

忏悔、赎罪而得到解脱。"① 这就意味着日本国民性中缺少"内在的强制力"。社会普适观念强调：只要坏事不为人所知，就不必庸人自扰，羞耻感只是自己在被他人批判时的一种感觉。日本属于耻感文化包围的社会。日本社会的道德观及其国民的道德观都以他律性道德为基础，也就是说，外在评价对日本国民来说无处不在。耻感文化也是日本在侵华战争结束后采取回避态度的原因之一。

施恩与受恩行为在日本社会亦体现出国民性格的双重性。在日本国民看来，与受恩相比，施恩更为轻松。他们认为接受恩情是一种让人难以承受的情分。游国龙基于《菊与刀》，利用社会文化体系理论探讨日本国民的共同心理模式，他谈及近代日本人受到等级社会和耻感文化的影响，常常认为自己是历史与社会的负恩者。② 这常常用于说明，在日本社会，恩情的力量超过受恩者的个人意愿。日本国民潜意识里认为恩是债务，必须偿还。因此，他们必须倾尽全力去偿还。受一个人的恩，这是一件大事，正如日本人所说的"难以报恩于万一"。因为恩情不会随时间的流逝而减少，甚至时间愈久恩情愈重，以致形成重负。中国与日本是一衣带水的邻邦，儒家文化恩泽整个东亚文化圈，日本汲取其文化精粹。日本对中国怀着复杂的情感，既感到难以偿还恩情，又在近代中国的沉沦中感到了羞辱，这既来自自身国力的增强，又源于曾受到暂落后于本国的中国文化的恩泽。③ 于是，日本打着"各得其所"、拯救中国的旗号发动战争，渴望在东亚确立唯我独尊的地位。

日本国民性中的矛盾之处也体现为其独特的死生观。在日本文化中，死是生的另一种延续，最能体现日本死亡文化的是日本文学。从《源氏物语》到村上春

---

① ［美］鲁思·本尼迪克特著，吕万和、熊达云、王智新译：《菊与刀：日本文化的类型》，商务印书馆 1990 年版，第 154 页。

② 游国龙：《文化与人格研究和心理人类学的方法论剖析——以〈菊与刀〉与〈家元〉为例》，《日本学刊》2010 年第 5 期，第 101—114 页。

③ ［日］坂野润治著，杨汀、刘华译：《日本近代史》，新华出版社 2020 年版，第 67 页。

树的作品，"死"是日本文学绕不开的主题。传统的武士道，"视死为等闲之道也"，也就是说，武士们的自杀是一种有意义且体面的死法。死对于日本人来说有解脱、崇敬之意，这成了大和民族的文化传统。不过日本死亡文化远扬与《菊与刀》一书的宣传有关，而宣传的目的就是塑造西方范式下的日本。日本深受东亚汉文化圈的影响，佛教"死后涅槃而生"的思想传入日本，佛教生死观引导日本信众以更符合佛教教义的方式看待生死、对待生活。传统的武士道精神绕不开死生观，死在前、生在后，死生同重。在大和民族的眼中，死不是生的对立面，而是生的一部分。与封建时代的自杀相比，近代日本的自杀更具自虐性，如剖腹自杀。按照他们的信条，以恰当的方式自杀，可以洗刷罪名并赢得身后名。死可以作为最后的武器为他们争取胜利，名誉才是他们持久不变的目标。

总的来说，日本国民的性格既像一把被磨砺的锋刀，又像伪装自由意志的菊，刚烈与柔和这两种截然相反的性格奇迹般地交织在一起。等级社会与耻感文化共同塑造了他律性的道德观，造成了日本人对待历史问题的漠然。他律性的道德观直接导致他们缺乏恒定的是非观。耻感文化也使日本人产生了极度敏感的自尊心，这使他们极易受到他人的嘲讽和攻击。所以当他们同外界接触时，原本的高傲不久就会变为拘谨、怯懦和自卑。日本民族秉承与世界其他民族完全不同的他律性的道德观，认为做错事并不可耻，被人发现才是可耻的。这是日本人的行事宗旨，凸显了他们性格的双重性。

三、日本国民性格的双重性与耻感文化的形成

那么，日本国民"菊与刀"般的双重性格是怎样形成的呢？其国民性中的"菊与刀"的塑造形成过程，亦是《菊与刀》一书的核心内容。该书伊始，作者开门见山地表明，该书要对日本文化及日本国民性格的形成原因予以总结归纳。

教育是塑造民族统一性的主要工具。本尼迪克特从心理角度来诠释日本民

族的矛盾性格，认为教育的不连续是造成其矛盾性格的主要原因，而日本近代教育体制是塑造这个矛盾的国民性的主要工具。随着年龄的增长，家庭、社会生活对国民的优待度不断下降，这是国民性格二元性形成的开端。《菊与刀》主要通过论述日本人的育儿方式，来探析日本人矛盾性格的成因。本尼迪克特认为："任何文化，其道德规范总要世代相传，不仅通过语言，而且通过长者对其子女的态度传递，局外人如果不研究日本的育儿方式，就很难理解该国生活中的重大问题。"[①] 不同的育儿方式会形成不同的性格，因此，育儿方式是研究日本国民性的绕不开的课题。

日本的启蒙教育采取快乐教学的方式，但成年后所强调的长幼尊卑的社会秩序与幼时追求的自由天性冲突，这导致自我压抑。本尼迪克特在《菊与刀》中写道："日本的人生曲线是一根很大的浅底的 U 字形曲线，日本允许婴儿和老人有最大的自由和任性。随着幼儿期的过去，约束逐渐增加，直到结婚前后个人自由降至最低线。这个最低线贯穿整个壮年期，持续几十年，此后再次逐渐上升。过了六十岁，人又可以像幼儿那样不为羞耻和名誉所烦恼。"[②] 日本家庭中的婴儿享有充足的自由和随心的快乐。该书以美国人、日本人给婴儿喂奶的不同行为为例：美国父母会让孩子们知道世界不是围绕他们转的，他们的小小愿望并不是世界上最高的指令：他们规定孩子的授乳时间和睡眠时间，若是未到时间，哭闹也无济于事；不按规定，就会受到处罚。但是，日本父母并非如此，日本儿童可以随心所欲享受无尽的快乐和自由。

日本小孩在进入学龄段后，就必须学习成年人的信义礼仪。男孩要学习一些相应的规矩，如在何种情况下可以直接攻击对方，在何种情况下通过间接手段洗

---

① ［美］鲁思·本尼迪克特著，吕万和、熊达云、王智新译：《菊与刀：日本文化的类型》，商务印书馆 1990 年版，第 175 页。
② ［美］鲁思·本尼迪克特著，吕万和、熊达云、王智新译：《菊与刀：日本文化的类型》，商务印书馆 1990 年版，第 176 页。

刷污名。女孩的习惯训练则更严格，她们必须遵守各种各样的束缚，如与异性保持距离、学习持家本领等。在这种具有割裂感的教育方式下，学生开始戴上温良的"面具"。①总体来说，在日本，孩子刚能听懂人们的意思的时候，就会被教导见面要鞠躬问候。青年时期，丈夫需要负起敬老慈幼的责任，但在外偶尔可以恣意放纵；妻子持家侍夫要时刻节制谨慎。年老后，他们作为家庭的爱护对象拥有无限的快乐。幼年和老年时期是日本人一生"相对自由的领地"。

正如书中所说的那样，他们总是高度紧张以避免惨败，其生活准绳不是明辨善恶，而是迎合世人的期望，避免让世人失望，把个人需求埋葬在群体的期望之中。这样的人才会知耻，"谨慎的人才能为自己的门庭、家乡和国家增光。如此产生的紧张感非常强烈，表现为一种巨大力量使日本成为东方领袖和世界一大强国"②。这让成年日本人承受了非常沉重的压力。日本人的这种矛盾性格影响了他们的生活方式，以至于他们自愿放弃各种最基本的自由。

每个民族性格的形成都经历了历史与文化的积淀，日本国民性格中的二元性也与其历史文化有关。日本的历史文化深受汉文化的影响。日本与中国的文化往来最早可追溯至汉朝。日本系统学习中国文化始于圣德太子改革，日本吸收了当时强盛的唐王朝的政治制度和思想文化。奈良时代是日本学习汉文化的巅峰时期，当时日本频繁派遣遣唐使学习大唐文化；奈良城也是模仿唐朝的长安城建的，其城外景观和城内街道都是照搬长安城的模样设计的。③由此可见，日本深受唐文化的影响。五代十国战乱频仍，阻碍了中日两国的正常往来。此时处于平安时代的日本，开始对汉文化进行辩证吸收，形成一种以唐文化为基

---

① ［日］全两基著，田园、康庆玮译：《面具下的日本人》，山东人民出版社 2011 年版，第 12 页。
② ［美］鲁思·本尼迪克特著，吕万和、熊达云、王智新译：《菊与刀：日本文化的类型》，商务印书馆 1990 年版，第 203 页。
③ ［日］藤家礼之助著，章林译：《中日交流两千年》，北京联合出版公司 2019 年版。

础的国风文化。所以在日本文化实物中可窥见中国文化的影子，日本国民性中带着儒家文化的谦逊有礼。

武士道精神是日本国民性形成的重要原因之一，武士道的产生有其独特的历史背景。武士是伴随武家政权的兴盛而产生的。1192 年，武将源赖朝建立了日本历史上第一个武家政权，日本进入镰仓幕府时代。"御家人制度"明确了将军与武士之间的权利与义务。将军给予武士地位和俸禄，武士忠诚于将军。武士在这个时期登上历史舞台，其重要性日益凸显，而武士对将军的绝对忠诚成为不容置疑的信念。武士道的精神内涵在这个时期得到确立。当时的日本人结合儒学、佛教禅宗，形成了以"义、勇、仁、礼、诚、名誉、忠义、克己"为核心的武士道精神。从武士道的精神内涵可以窥见日本国民性中"黩武刻板却又忠诚果敢"的源头。①《四十七士物语》（ *Tale of the Forty-Seven Ronin* ）记载了四十七名武士轻死重义的历史故事，这是每个日本人在童年时期就耳熟能详的"民族史诗"。②

日本近代文化政策全盘"西化"对日本国民性格的二元性也有影响。随着资本主义生产方式的确立，西方列强在世界范围内进行殖民掠夺，日本处于西方列强竞争的中间地带。1853 年，美国佩里舰队扣关后，英法列国闻风而动，陆续与日本签订丧权辱国的不平等条约。面对空前严重的民族危机，日本开明大名进行倒幕运动，开始进行自上而下的改革，史称明治维新。教育和文化改革政策主张"文明开化"，积极倡导"西化"。③如潮水般涌入的西方文化与属于东亚汉文化圈的日本传统文化发生激烈冲突，这使日本国民在两种文化中产生了迷茫。那些对西方文化仅有粗浅且扭曲理解的作品，若大量传播开来，可能会对社会带来负面影响。日本人将自己张扬出格的行为冠以"自由、平等、民主"的美称，西式文明

---

① ［日］新渡户稻造著，张俊彦译：《武士道》，商务印书馆 1993 年版。
② Kuniyoshi & Yoshitoshi, *The Forty -Seven Ronin*. Lellae Gianni Morra: Venezia, 2012.
③ ［日］坂野润治著，杨汀、刘华译：《日本近代史》，新华出版社 2020 年版，第 45 页。

在此时仿如一块遮羞布，日本国民性在压抑自我外的开放行为都有了合理解释。

本尼迪克特在《菊与刀》中讨论了日本民族矛盾性格的成因。她认为，育儿方式与教育的不连续是造成大和民族性格矛盾的主要原因，而轻死重义的武士道精神在潜移默化中塑造了日本"黩武忠勇"的国民性格。此外，笔者认为日本国民性格中的谦逊有礼与日本深受儒家文化的影响有关，而性格中的开放张扬则与近代日本奉行"文明开化"的文化政策密不可分。

四、结　语

《菊与刀》是一部从人类学视角研究日本民族性格的著作。"菊"与"刀"这两个意象象征着日本民族的双重性格。一方水土养一方人，不同文化间的差异最终体现在文化旨趣上。众所周知，日本在历史上汲取了大量的中国文化，并将其本土化和系统化。他们吸收以儒家思想为主体的中国忠孝文化，并使之成为其民族性格的养分。近代日本宣扬"脱亚入欧"的国防要求与无条件忠孝的武士道精神相随，文化上的兼收并蓄使得日本国民性成为矛盾的统一体，这导致日本人在各种价值观中徘徊。日本教育在幼儿与中小学阶段的断裂性，让日本国民在各种压力夹击之下开始压抑自我。可以说，日本独特的历史文化和育儿方式孕育了大和民族矛盾的国民性，教育、历史文化、武士道等诸多要素造就了今天有着双重性格的大和民族。

作者简介

唐梅，杭州师范大学人文学院中国史专业硕士研究生。

清前期史学研究中的内亚视角与全球视角

——《马背上的朝廷：巡幸与清朝统治的建构（1680—1785）》所思

童 磊

[研读书目版本]

张勉治著，董建中译：《马背上的朝廷：巡幸与清朝统治的建构（1680—1785）》，江苏人民出版社 2019 年版。

一

1751—1784 年，乾隆六次南巡，往返于华北与江南。君主及其扈从深入帝国最富庶的地区，上演了一场场长达数月之久的政治剧，这体现了帝国核心与江南之间既充满张力又持续博弈的关系。清廷如何在江南这一反清思潮最强烈的地区树立权威，维护其统治的合法性和稳定性？盛清时期，清廷统治内地的切实条件和历史机制又是什么？对上述两个问题的论述，盛清统治得以建构以及各种人物竞争于其间的政治文化成为《马背上的朝廷：巡幸与清朝统治的建构（1680—1785）》（以下简称《马背上的朝廷》）一书的几大主题。在作者表达观点的事例中，南巡是最具典型性的政治事件。

一

　　该书正文除绪论、尾声之外，还包括八章内容。在绪论部分，作者张勉治提出了"家产—官僚制帝国"这一根源于韦伯"世袭君主官僚制"的概念，并以这一概念来定义清廷的王朝性质，从而为分析南巡这一政治事件奠定了基础。张勉治在这个框架里改变了对南巡的传统叙述和对南巡的评价，即认为南巡的目的是单纯的游山玩水，结果是劳民伤财。第一章梳理了历代帝王巡幸的历史，包括上古到明朝的各个历史时期，其中既有游牧—渔猎少数民族政权如辽、金等，也有典型的汉族政权如汉、明等。可见，大规模的巡幸并非游牧王朝的特权。事实上，在强调清前期诸帝决策中的民族特性的同时，作者并未忽视巡幸等活动在汉文化政治传统中的存在及渊源。由此可见，该书并非典型的"新清史"论著。第一章展现出的帝制时代传统官僚（汉族士大夫）对巡幸的贬斥，为后文清帝下江南时应对大众（尤指江南士商）对南巡的刻板认识埋下了伏笔。

　　第二章叙述了康熙、乾隆巡幸的特点。康熙和乾隆的巡幸有较大的区别，而介于其中的雍正在位期间并未进行大规模的巡幸，尤其是以江南为目的地的南巡。该书的重点是乾隆时期的南巡，而康熙、乾隆巡幸的特点及其变化在书中是较为清晰的。该章展现了汉族、满族对巡幸的态度，为第十一章论述巡幸的基本目的，即构建和维护"民族—王朝"的合法性，做了铺垫。

　　第三章主要描写南巡细节。大规模、远距离出巡本质上就是一场空前的军事行动，故而在路线和其他相关事宜的安排上都呈现出浓厚的军事色彩。正是这样的性质决定了这类行为对于江南百姓来说是力量的展示。南巡并非古装剧中轻松的微服私访，支撑其顺利进行的后勤保障和物资调配不啻一场大型战争。

这样大规模的资源调配，在农业社会必然引发举国关注，该章第五节就叙述了大众对南巡的认识。这种直观认识体现了占统治地位的满人族群与广大汉族民众的交往互动。

第四章将南巡与乾隆中前期的另一大政治主题——西师结合起来，论述二者之间的关联与互动。西师指的是西北战线上对准噶尔部的战争，该战事从康熙初年开始，延续近七十年。此外，在乾隆六次南巡期间，其他战事如大小金川、清缅战争等频繁发生，清帝国实际上长期处在战争状态。而南巡带有军事性质的动员和后勤准备，具有激发和保持帝国物力水准的作用。对一类物质或精神的向往，本质上反映了政治实体在这一方面的缺失。南巡试图唤醒清帝国尤其是作为其武力支柱的八旗的尚武精神，也源于康熙、乾隆对清帝国中期武备松弛的焦虑与恐惧。该章探讨的正是乾隆对南巡背后的政治意义的考量，以及当时清帝国所面临的战争环境。这一章内容体现了该书在论述视角上比以往南巡研究更具超越性。

第五章叙述了南巡与汉族精英之间的关系。南巡这种带有游牧民族特性的大规模行动，其终点却在当时汉族精英最为密集的江浙地区，那么南巡对他们有什么样的影响，他们又是如何应对南巡及其背后折射出的政治信号，以及帝王对南巡的考量是否与他们相关，都是该章探究的内容。而该章体现的矛盾，即财富在南方主要城市（如扬州、苏州、杭州）聚集与帝王对财富聚集的担忧及采取的抑制行为之间的矛盾，实际上体现了满族统治者对帝国秩序的担忧，即远离京城的经济力量在汉族士商力量最强势的江南蓬勃发展，是否会动摇族群上以满为核心、意识形态上以儒家等级秩序为核心的统治现状。当然，这一矛盾也有文化方面的因素。卜正民在《纵乐的困惑：明代的商业与文化》中展现出的晚明文人对商业的抱怨，也是清代中期乾隆所忧虑的。[①]

---

① ［加］卜正民著，方骏、王秀丽、罗天佑译:《纵乐的困惑：明代的商业与文化》，广西师范大学出版社 2016 年版。

作者认为，南巡既有对南方士商示威、震慑之意，也有团结江南豪强的意义。第六章和第七章从文学和文教事业的角度叙述了南巡所体现的文化包容的内涵，其中第七章加入了较多的诗歌文本分析，这是包括该研究在内的海外汉学的一大特色（如史景迁所著《王氏之死：大历史背后的小人物命运》[①]）。第八章叙述了乾隆中后期的巡幸。1765 年之前的最后一次南巡与下一次相隔时间较长，乾隆中后期的南巡体现了特殊的时代背景，作者认为这是对"民族—王朝"合法性的重新建构。乾隆善于运用政治事件和政治符号带动帝国整体官僚机构与士商阶层的转变（即向乾隆所期许的方向转变）。孔飞力在《叫魂：1768 年中国妖术大恐慌》（以下简称《叫魂》）一书中就提及了乾隆将普通案件政治化以干预官僚体系运转的一个典型案例。[②]本质上，乾隆多次下江南的行为可视为其对江南官绅士民的一次次政治敲打，其本人和代表满族统治阶级利益的亲贵与中央官僚对江南的直接造访在一定程度上加深了这样的敲打力度，这有助于君主所希望传达的意志更直接地深入南方腹地。

乾隆之后，大规模的南巡不再进行。其后继位的嘉庆仅在东北进行过以关外盛京为目的地的东巡，巡幸这种带有游牧民族特性的行为于是被限制在满人的龙兴之地。借助这一变化，作者在尾声探讨了满族与清朝统治的历史机制。

在附录中，作者对南巡所需的人力、物力等后勤方面的准备工作进行了梳理，将数据以表格的形式呈现出来，表明南巡的强度不亚于战争，显示出南巡强烈的军事色彩及其折射出的尚武精神。此外，该书的征引文献对于进一步了解清朝中前期的南巡和海外相关学术史现状具有一定的价值。

---

① ［美］史景迁著，李孝恺译：《王氏之死：大历史背后的小人物命运》，广西师范大学出版社 2011 年版。
② ［美］孔飞力著，陈兼、刘旭译：《叫魂：1768 年中国妖术大恐慌》，生活·读书·新知三联书店 2014 年版。

二

张勉治作为美国清史学界的中生代学者，求学于海外汉学重镇加利福尼亚大学圣地亚哥分校，曾跟随周锡瑞、高彦颐等名家学习，而其师周锡瑞曾师从费正清、列文森、魏斐德等老一辈学者。从学派传承角度来看，张勉治接受了较为正统的美国汉学教育。与两位老师所关注的晚清革命史和妇女史不同，张勉治将研究对象聚焦于清代中前期的族群关系、满族贵族对广袤帝国的统治方式等。[①] 他对清帝国统治方式中展现出的"满族特性"和汉满二族政权间的差异尤为感兴趣，这样的学术关注点与"新清史"的诸位代表人物，如欧立德、罗友枝等的关注点相似。

关于历代的帝王出巡历史，张勉治在第一章做出了详细的梳理。可以发现，少数民族所建立的王朝，其出巡频率远高于汉民族所建的朝代。如罗新的《从大都到上都：在古道上重新发现中国》[②] 通过历史散文体裁，以驿路为脉络，展现了元代君主巡视的具体历程。学界对康熙、乾隆的南巡乃至整个清朝中前期帝王主导的长距离、大规模巡游没有置若罔闻，抛却妇孺皆知的戏说类文学作品（如《康熙微服私访记》《乾隆王朝》等），他们对清朝中前期诸帝出巡的学术探究已取得较丰硕的成果，也有诸如高王凌的《马上朝廷》[③] 等专门论述

---

① 周锡瑞凭《义和团运动的起源》（张俊义、王栋译，江苏人民出版社 2005 年版）先后获费正清奖和列文森奖两大美国中国史研究领域的最高奖项，其另一代表作《改良与革命：辛亥革命在两湖》（杨慎之译，江苏人民出版社 2007 年版）聚焦辛亥革命前后社会各阶层的状况与互动。高彦颐的代表作《缠足——"金莲崇拜"盛极而衰的演变》（苗延威译，江苏人民出版社 2021 年版）和《闺塾师：明末清初江南的才女文化》（李志生译，江苏人民出版社 2005 年版）都是典型的妇女史研究。

② 罗新：《从大都到上都：在古道上重新发现中国》，新星出版社 2017 年版。

③ 高王凌：《马上朝廷》，经济科学出版社 2013 年版。

康乾时期帝王南巡的著作。以系统性较强的《马上朝廷》一书为例，该书从缘起、经过、结局叙述了南巡的历程，并未将南巡置于康乾时期整体的政治背景中，也未从族群关系等维度探究南巡的起因，仍是一部视角和叙事手法较为传统的作品。可见，在对南巡（或大规模巡幸）的叙述上，张勉治做出了显著的创新。

三

该书的写作思路与叙事手法对于文史研究者的工作的开展，包括相关专业研究生的学习及写作，都有很大的借鉴意义。

首先，该书具备极为开阔的视角。清帝国作为疆域空前的封建王朝，其扩展趋势在乾隆时期达到顶峰。南巡所涉及的江南地区，与书中明确指出的乾隆前期另一大国家政治主题西师所关联的西北乃至中亚区域，相隔万余里。南巡包含丰富的政治信号与内涵，其外现形式巡游与西师所展现出的军事行动截然相反。但是作者并未因自身选题设定在巡幸政治上就限制了与其他事物的联系，其敏锐的线索捕捉能力是值得推崇与学习的。

其次，该书在史料选取上虽存在少数族群史料运用较少的细微瑕疵，但有其创新之处，即以诗证史。上文曾提及，在史学研究中对中国古典文学作品进行细致分析以丰富史论是西方汉学研究的一大传统。该书第七章"乾隆皇帝巡幸江南的诗歌写作与政治"就集中体现了这一史学手法。不同于史景迁等前辈在著作中引用大量晦涩的诗词，张勉治所引用的诗词更通俗易懂，其文字论述比例适中。

该书除上述创新点及视角之外，还运用了计量史学的研究手法。总体而言，该书属于政治制度史范畴，对财税、赋役等经济问题牵涉较少，所运用的计量方法较为基础，内容也较为简单，仅包含对南巡开支、所需人力及物力的分析以及南巡途中针对士人的分析，偏向简单的数据整合。事实上，计量方法在近年来的清史研究（尤其是海外相关研究）中运用得极为广泛。例如，谢健的《帝国之裘：清朝的山珍、禁地以及自然边疆》[①]（对东北边疆所产的皮毛制品的各类统计），曾小萍的《州县官的银两：18世纪中国的合理化财政改革》（对清代中期地方财政的分类分析）[②]，云妍、陈志武、林展的《官绅的荷包：清代精英家庭资产结构研究》（对计量单位迥异的各类财产的统一定量）[③]等均使用了计量范式。可以发现，与《马背上的朝廷》一样，计量史学在清史研究方面早已突破了经济史这一领域，逐渐向制度史、自然史等领域拓展。因此，在学习研究中应重视这一趋势，学习并探索将相应方法应用于合适的研究场景，提高史学材料的可视化和直观性。

四

该书将"新清史"视角与传统文献史料相结合，勾勒了清王朝中前期政治行事风格与带有本民族烙印的统治风格，明确提出并论证了"南巡在18世纪清朝统治的历史形成过程中具有核心地位"的观点。该书在国家发展的全景式描述上捕捉了清朝在这一时期的特征，为清王朝的政治运转范式做出了理论贡献。但该书在资料运用、材料解读等方面存在不足，而这些不足对我国进一步的清史研究带来了启示。

首先，在资料运用方面，该书创造性地结合了南巡和西师这两大乾隆朝的政

---

① ［美］谢健著，关康译：《帝国之裘：清朝的山珍、禁地以及自然边疆》，北京大学出版社2019年版。
② ［美］曾小萍著，董建中译：《州县官的银两：18世纪中国的合理化财政改革》，中国人民大学出版社2020年版。
③ 云妍、陈志武、林展：《官绅的荷包：清代精英家庭资产结构研究》，中信出版集团2019年版。

治主题，但在史料的选择方面仍然以传统汉文官私史料为主，辅以部分二手史料。书中一手外文材料和少数民族档案材料的运用则稍显单薄，这对于一部论述内容包含清平定准噶尔叛乱的史学著作而言有所缺憾。我国的清史研究可以从中汲取一定的经验。关于清前期与准噶尔部的战争及相关西北地方史，我国最早引入且译介最多的是苏联史学研究成果，如伊·亚·兹拉特金的《准噶尔汗国史》。这部著作最大的优点在于叙事完整、内容齐全，但作为20世纪中叶的作品，其在内容和叙事角度等方面则较为陈旧、传统，容易形成思维定式，不利于新史学理论范式的构建。这就要求史学界与翻译界携手，对西方史学界近年涌现出来的"新清史"著作加大译介力度，丰富我国学界对相关清史问题的探究视角。当然，在译介过程中要加以甄别。"新清史"概念提出至今，相关作品数量众多且良莠不齐，部分著作观点含有明显的分裂我国领土、离间民族感情的目的，这是史学界和翻译界在相关工作中需格外注意的一点。

其次，在材料解读方面，作者在搭建理论框架之后的部分论述对史料有过度解读之嫌，如把南巡过程中一切与马匹有关的行为都视作民族性和尚武精神的体现，颇显生硬。这并非孤立存在，因为西方史学界近年来的不少著作都有类似的情况出现。以明清史为例，美国学者鲁大维在其新作《神武军容耀天威：明代皇室的尚武活动》中，将明代皇室行为中一切与军事行动有关的，包括骑马、远距离出行和采用大型仪仗的皇家庆典，都归结为所谓的尚武精神，还将之作为王朝中权势日益强盛的文官的对立面，这就存在过度解读的问题。此外，与巡幸相类似的狩猎活动，在部分西方史学家的笔下也被附加了色彩。如美国学者托马斯·爱尔森的《欧亚皇家狩猎史》① 将广阔区域内数千年的皇家狩猎史视作整体的政治文化，虽具有较强的故事性、趣味性和探索性，但叙述时空

---

① ［美］托马斯·爱尔森著，马特译:《欧亚皇家狩猎史》，社会科学文献出版社2017年版。

范围过大，对狩猎定义过宽，易给读者造成泛泛之感，这对于一个极富创新性的选题而言是个缺憾。我国的史学传统强调论从史出，有一分材料做一分解释。虽然部分西方学者以自身敏锐的观察力从历史细节中捕捉到更多信息并提炼出相应结论，但这样的结论仍要建立在材料充足的基础上，若通过过度解读得出所谓振聋发聩的史论，只会显得牵强附会。在学习、研究和写作中，需要注意这一点。

最后，该书在视角的多样性和叙述的宽广度上较以往同类或同主题研究有较大的突破，但仍有继续发展的空间，特别是在摒弃"新清史"研究中的诸多糟粕后，其叙述中强调的内亚和中亚视角颇有借鉴之处。西方史学界有"长18世纪"（The Long Eighteenth Century）这一概念，即强调17世纪至18世纪乃至19世纪初一百五十余年间历史的延续性。[①] 阅读该书可以发现，张勉治所研究的时段恰好对应这一阶段。这一阶段东西方的技术交流和亚洲自身扩张的实际需求使得新兴的政权在军事方面有显著提升——以火器装备的普及和进步为标志。这几大强权被西方学界称为"火药帝国"，即波斯萨菲帝国、印度莫卧儿帝国和奥斯曼帝国。黄一农先生在威廉·H. 麦克尼尔等人的研究范式上加以突破，将清王朝也归入火药帝国的范畴。[②] 进入这个范畴的诸国，在建国之初都保持着强盛武力，但相似的国内外环境（由人数不占优势的游牧民族建立、周边形势复杂、军事任务密集、国内有作为武力支柱的职业军人阶层、统治疆

---

① 在我国，这一概念又被称为"漫长的18世纪"。2018年，在"从全球史看近世中国的兴衰"论坛上，葛兆光教授曾以《"漫长的18世纪"与"盛世背后的危机"》为题进行演讲。

② 关于火药帝国和相关军事技术在亚洲的传播，见威廉·H. 麦克尼尔：《竞逐富强：公元1000年以来的技术、军事与社会》（倪大昕、杨润殷译，上海辞书出版社2013年版）。黄一农对明清之际火药应用于军事的集中论述见其新著《红夷大炮与明清战争》（四川人民出版社2022年版）。

域广阔且民族构成复杂等)① 使得这些国家的君主对武力的衰退和军备的松弛都有深入骨髓的恐惧。面对局势的变化，各国与清王朝的应对措施有何异同，出现迥异结果的深层次因素又该如何总结，都是需要中外学者运用比较研究法深入挖掘的。清史研究中内亚视角的重要性，本质上是由清王朝疆域的空前辽阔所决定的，这一领土基础的确立离不开军事技术的进步。我们在执着于多元视角时，不应忽略构建多元视角本身的物质基础。在这类研究中，李伯重教授在《火枪与账簿：早期经济全球化时代的中国与东亚世界》② 一书中通过技术及其传播分析展现出的全球视角，实质上在广度和深度上远超"新清史"所标榜的内亚视角和满族中心论。

回到该书，在第四章"安不忘危与帝国政治：战争、巡幸、武备"中，军事危机和作为例证的几场战争在空间范围上并未超出西北边疆。作者在标题中将该书的研究范围限定在 1785 年之前，然而在 1785 年之后的乾嘉之交，安南之役、廓尔喀之战、平林爽文、川陕白莲教起义等对清王朝的震动，以及背后所反映出的清王朝武备松弛，都不亚于乾隆南巡之初的军事危机。不同于康熙至乾隆前期军事行动集中于北部边疆，这一时期的战事开始向内地和南方聚集。为何这一时期的清王朝不再进行大规模南巡，在释放加强军事信号的同时，对统治力度下降的南方地区加以威慑？③ 仅仅用传统史学所提出的"嘉道中衰"，即清王朝综合国力的衰退，并无较强的说服力。该书涉及的嘉庆年间东北方向的东巡和之后道光年间对张格尔叛乱的平定，展现出清王朝仍具备组织大规模

---

① 萨菲帝国皇室虽为波斯人，但开国君主伊斯玛仪一世得以立国离不开土库曼部落武装的支持。在萨菲帝国早期，土库曼势力在大不里士朝堂占有重要地位。

② 李伯重：《火枪与账簿：早期经济全球化时代的中国与东亚世界》，生活·读书·新知三联书店 2017 年版。

③ 事实上，乾隆之后，除沙俄入侵外，威胁清王朝统治的内外战事，从太平天国、西南各民族起义、闽粤土客械斗、捻军、西方殖民者自海上的入侵基本集中于南方，这与顺治、康熙、雍正等时期的北患、西师形成了鲜明对比。

军事行动的能力。而对龙兴之地的巡视则表明清朝君主对先祖尚武精神的重视。南巡在新的条件下并未再现，这值得学界进一步探究。而上述军事行动中的不顺与失败，除清朝自身的腐朽之外，和西方军事技术在远东的进一步传播也有直接关联。可见，对南巡及其衍生问题的探究不能局限于传统中亚视角与内亚视角的窠臼，还需进一步扩展。

结　语

该书通过创造性的解读视角提出了南巡对内唤醒尚武记忆、对外彰显武力以巩固政权的观点，这对我们看待历史问题和解读文本材料都具有很好的启示作用，因此该书称得上是一部质量上乘的海外汉学著作。除了《马背上的王朝》，目前张勉治在内地还没有其他作品出版，期待他以既有的叙述视角与捕捉史事间联系的敏锐性为清史学界和读者带来新的力作。同时，史学研究者可以沿着该书所指引的方向继续前进，探究尚未解决、亟须进一步研究的问题。

◆ 作者简介

童磊，杭州师范大学人文学院中国古代史专业硕士研究生。

历史比较研究下的中国与欧洲

——读《大分流：欧洲、中国及现代世界经济的发展》有感

丁欣楠

[研读书目版本]

[美]彭慕兰著，史建云译：《大分流：欧洲、中国及现代世界经济的发展》，江苏人民出版社2010年版。

《大分流：欧洲、中国及现代世界经济的发展》（*The Great Divergence: Europe, China, and the Making of the Modern World Economy*，以下简称《大分流》）是美国学者彭慕兰的代表作。该书英文版于2000年由美国普林斯顿大学出版社出版，后分别于2001年、2007年、2021年再版。该书获2000年费正清奖，并获得2000年世界历史学会年度奖。中译版经史建云翻译，于2003年11月由江苏人民出版社出版，之后分别于2008年、2010年、2014年再版。此外，还有邱澎生译本，于2004年由巨流图书出版。另有黄中宪译本，于2019年由卫城出版社出版。

一

《大分流》对中西方差异进行了多方位的比较，旨在回答"为什么是西欧而不是其他地区或国家在世界大分流中获得优势地位"的问题。彭慕兰以翔实的数据质疑了19世纪的欧洲存在内在优势的观点。首先，在现代早期核心区域的发展方面，彭慕兰指出西欧在人口、资源、技术、市场制度等方面的发展水平并不足以解释19世纪的欧洲为何能够迅速走向工业化。其次，在社会经济层面上，彭慕兰认为中西方在资本积累、资源配置、市场需求和家庭制度上缺乏关键性的差异。推翻旧有主流观点后，作者指出西欧之所以能在"大分流"中获得优势地位，关键是其在地理上的优势：其一，西欧地理形势更有益于能源分配；其二，美洲新大陆为西欧摆脱生态制约、劳动力短缺等问题提供了路径。彭慕兰强调："欧洲奇迹"并不是必然事件，西欧的发展具有不可忽视的偶然性。

《大分流》第一部分是"无数令人惊异的相似之处"，第二部分为"从新风气到新经济？消费、投资和资本主义"，第三部分是"超出斯密和马尔萨斯之外：从生态制约到工业持续发展"，再加上引言和附录，该书共由五个部分组成。作者在引言中概述了该书的观点和研究方法，在附录中详细列出了相关内容和比较数据。

在引言部分，彭慕兰批判了在学界占主导地位的"欧洲中心论"。这种观点大致可以分为两类：第一类以E. L. 琼斯为代表，他认为从16世纪到18世纪，欧洲在物质资本和人力资本两方面的积累已经远远领先于世界其他地区；第二类以费尔南·布罗代尔等人为代表，他们认为早期现代欧洲具备更有益于经济发展的制度模式。彭慕兰指出，以欧洲内生发展优势解释一切现象会诱使研究者进入"欧洲特殊论"的歧路。对以上两种主流论点进行辩驳后，作者进一步阐明他在该书中所运用的研究思路和方法，即立足于整体史观，运用比较史观、唯物史观和计量史观等研究方法，探讨 19 世纪前后"大分流"出现的原因。

　　彭慕兰通过历史比较方法对比东西方的历史差异，比较的内容没有局限于老生常谈的西欧"内在型"经济优势，还涉及技术、人口、家庭制度、文化、消费、经济总量、政府等多个层面。历史比较研究和"欧洲中心论"在中西方比较研究中一直占据主导地位。彭慕兰在《大分流》中采取比较研究的同时，又做出了改变：首先是比较单位的改变。彭慕兰抛弃了传统的单位，不以整体的现代民族国家为单位进行比较，而是对各方面（经济、地理、人口等）具有可比性的因素进行比较。其次，《大分流》的比较以交互比较为基础。该书在进行中西方比较时，运用了王国斌[①]提出的中西互为参照系的比较方法，将比较双方看作"互相偏离"的两方，而不是单单将一方作为既定的比较标准。史建云在翻译过程中也尽力贴合作者原意，大分流原文为"Great Divergence"，在史建云译本出版前有诸多翻译，如"大分流""大分岔""大歧变"等。彭慕兰本人中意"大歧变"的译法，但译者考量再三，最终选择了"大分流"。毕竟"歧"字在中文中有偏离正道的意思，这违背了作者的初衷。最后，该书在进行比较研究时，不仅比较了东西方的优势和劣势，还比较了双方在发展过程中遭遇的瓶颈和限制。

　　《大分流》以新的研究方法质疑了中西比较研究中长期存在的偏颇和"欧洲中心论"。它像一艘航海巨舰，为我们认识东西方发展、分流打开了新的视角，为我们认识近代中国在现代化中落后的历史现实找到了一条新的路线。

[①]　王国斌（R. Bin Wong），美籍华裔学者，现任职于加利福比亚大学亚洲研究所，主要从事中国历史研究、中国与欧洲历史的比较研究。代表作有《转变的中国：历史变迁与欧洲经验的局限》（*China Transformed: Historical Change and the Limits of European Experience*）。

二

《大分流》一书主体由三部分组成，共六章。各部分之间层层推进，作者在第一部分和第二部分末尾附上小结，对前文的推演进行总结；同时提出接下来所要解决的问题，这为读者梳理框架、跟上作者思路提供了极大的帮助。

在第一部分，作者通过历史比较研究，围绕人口、资本积累、技术、家庭制度、市场经济等方面对中西差异进行分析。琼斯在《欧洲奇迹》中指出欧洲能够率先走上工业化道路，得益于它在此前几个世纪中的资本积累，此观点长期以来在中西方比较研究中占据主导地位。彭慕兰质疑了 19 世纪中期以前欧洲在生产力方面存在内生优势的观点，指出几乎没有证据显示 1800 年以前西欧在资本积累上存在数量上的优势，或存在长期使欧洲资本积累获得明显优势的环境因素。

从现代早期经济区域上看，彭慕兰认为资本积累、技术突破、制度差异等因素都不足以解释欧洲为何能率先进入工业化进程。从农业、运输和牲畜方面看，欧洲人均牲畜占有量的确高于亚洲部分地区，但是欧洲并没有因此获得更高的生产力，在运输上也没有绝对优势。从人均寿命、生活水平、出生率上看，18 世纪的中国和欧洲较富裕地区大致相仿。同一时期，部分亚洲居民的生活水平甚至要高于部分欧洲居民。正如一项研究显示的那样，18 世纪中叶至少印度南方工人（农业工人和手工业工人）的食品购买力普遍超过了英国工人阶级。[①]
从资产积蓄上看，受到自然灾害、战争等的影响，欧洲也未能积累远胜于亚洲的固定资产。从技术上看，西欧拥有的技术优势常常受到地域限制，或不能在

---

① ［美］彭慕兰著，史建云：《大分流：欧洲、中国及现代世界经济的发展》，江苏人民出版社 2010 年版，第 47 页。

短期内推动技术爆炸，欧洲的工人、农民并不比亚洲的工人和农民具备更高的生产力水平。比如，当时西欧拥有世界上效率最高的水车，但不足以让利用水力的欧洲工业部门获得决定性的竞争优势以克服运输限制并碾压其他地区的市场。另外，西欧之外其他地区并未处于技术"停滞"状态，仍保有强大的活力。在纺织业、瓷器制造上，欧洲人一直致力于模仿中国和印度的加工技术。在医学领域，清朝的医学水平也要优于欧洲的整体水平。总而言之，18世纪的欧洲并不具备更高的科技水平。

从市场上看，彭慕兰认为，西欧并不像主流观点所说的那样，拥有比亚洲地区更完善、成熟的市场制度。恰恰相反，18世纪的中国（或许还有日本）比西欧实际上更符合新古典主义理论的某些特征。[①] 彭慕兰对比中国和西欧的土地市场以及对土地利用的限制发现，比起西欧大部分地区，中国有更接近于市场驱动的农业。中国的大部分土地可以自由转让，关于土地交易配有一套相当成熟的租佃体系、市场规则，而西欧的土地买卖却受到更多限制。从人口迁移上看，中国的人口流动比西欧更为自由。从政府对市场的干预上看，在西欧，君王允许"私人市场"的自由发展，以满足他们对囤积财富的需求。商人和农产品生产者之间天然存在不平等，商人对市场的了解往往不利于农民做交易，农民被商人和市场操控，不知道如何判断出售产品的最佳时机，也不知道如何给产品定价。相反，当时的中国政府非常重视市场买卖双方的平等性。从生产决策和劳动力配置上看，该书指出，中国饱受诟病的"内卷化"家庭经济模式与欧洲一样，也能对市场的变化做出良好的反应。杰克·戈德斯通认为，明清时期在家庭中从事纺织工作的中国妇女所需的机会成本（以及由此而来的需要付给他们的工资）远低于不熟练工人的机会成本。这种极为廉价的女性劳动利侵

---

① ［美］彭慕兰著，史建云译：《大分流：欧洲、中国及现代世界经济的发展》，江苏人民出版社2010年版，第84页。

犯了因雇用男性劳动力而不得不与之竞争的所有雇主的潜在利益。① 这些雇主由此失去了用机器提高生产力的动力，导致中国失去了建立工厂的机会。作者对戈德斯通的观点提出了疑问：性别规范为什么阻碍了中国纺织业的工业化发展，却没能阻挡欧洲或日本纺织业的发展？彭慕兰指出，男耕女织的传统观念没有强大到不可撼动，贫穷的家庭仍会为了微薄的收入将妇女送入工厂。总体来看，中国的劳动力没有脱离"市场经济"的原则，甚至表现得比同时期的部分欧洲地区要好。

经过以上对比，彭慕兰驳斥了 19 世纪中期以前欧洲在生产力方面具有内在优势的观点。西欧的经济不是独一无二、遥不可及的，欧亚大陆人口密集的经济发达地区有着相似的特征，虽然其在商品、市场、土地、劳动、家庭、资源配置上的确存在微小的差异，但仍遵循着相似的路线慢慢走向未来，尚未到达分岔口。

值得一提的是，作者在第一部分提出了地理偶然性在技术变革中的重要作用。对比中英采煤史可以发现，中国北部和西北地区煤炭资源相当丰富，采矿、采铁技术并不落后于英国，但是中国并未形成类似于西欧的庞大市场。彭慕兰指出，地理限制是阻碍中国煤矿业发展的主要原因。经济发达的长三角地区是煤炭资源的主要受益者，但是其距西北部的煤矿太远，即使政府干预资源调动也无法克服运输距离和随之而来的运输成本，能源和城市发展由此被隔离开来。相比之下，欧洲的煤矿和机械制造地、城市之间的距离更近，优良的水路运输拉近了煤矿和冶炼、煤炭利用者的距离。另外，中国煤矿业还面临难以克服的技术问题，由于特殊的自然地质条件，矿洞中隐藏着气体自燃的潜在风险，这削弱了人们开发资源的动力。

---

① ［美］彭慕兰著，史建云译：《大分流：欧洲、中国及现代世界经济的发展》，江苏人民出版社 2010 年版，第 125 页。

在第二部分，彭慕兰对物质生产和再生产之外的行为进行探索，并上升到对社会经济层面的观察，聚焦于"非必需"的消费模式，还比较了东西方的法律和社会体制。作者对欧洲"奢侈消费"改变商品生产方式并促成新制度的产生这一观点产生了疑问。彭慕兰对比了中国、日本、印度与西欧的日常奢侈品和大众消费情况。19世纪以前，中国在茶叶、烟草、糖等方面的消费并不比欧洲低。尤其是糖的消费量，尽管该书对18世纪中叶中国对糖的消费量的估计有所偏差，但当时中国与欧洲大部分地区的差距仍然远远小于欧洲大部分地区与英国的差距。[1] 从较耐用的消费品（家具、银器、亚麻布等）上看，明清时期中国的贵族家庭盛行精美的家具，也喜欢收藏稀有的古董字画。18世纪中国的丝绸、棉织物的消费和欧洲纺织品的消费相差不大，在建筑、住房、家具方面中国也没有远远落后于欧洲。室町和德川时代的日本也遍布奢侈风气。即使中日政府颁布了禁止奢侈的法律，中日的奢侈品消费也并未被遏制，仍然和同时期的欧洲一样醒目。从消费地域分布情况看，中国地域之间消费差距拉大的速度可能要慢于欧洲西北核心地区和其余地区之间的速度。彭慕兰指出，我们不应该对新商品在中国甚至更为广阔的空间中的传播不均衡赋予太多的意义。[2] 彭慕兰驳斥了松巴特的观点——奢侈品需求的增长引起了新型手工业和商人的出现，中日奢侈品消费的增长与西欧不相上下。此外，中日非奢侈品的生产逻辑可能会指向资本主义结构的建立。作者对奢侈品消费的意义做出总结：奢侈品消费在商人和手工业者中引起了新的资本积累，形成了较大的经营优势，使得雇用无产阶级工人的资本主义产生，从而改变了商品生产方式和市场制度。

在第四章中，彭慕兰反驳了布罗代尔、乔德里主张的欧洲在资本主义发展

---

[1] ［美］彭慕兰著，史建云译：《大分流：欧洲、中国及现代世界经济的发展》，江苏人民出版社2010年版，第149—150页。

[2] ［美］彭慕兰著，史建云译：《大分流：欧洲、中国及现代世界经济的发展》，江苏人民出版社2010年版，第186页。

过程中具备独特性的观点，指出亚洲的企业结构、社会政治结构与欧洲一样，因此，亚洲也具备发展资本主义的条件。中国的会计制度精密复杂，以家族为单位的商号具有持久的生命力，中国的海外贸易也形成了成熟有效的运作体系。从政策上看，中国政府对商人的威胁并不比欧洲各国政府对商人的威胁大。此外，依靠土地税收制度生存的中国政府对商人的干预要低于欧洲政府对商人的干预。从早期军事竞争上看，彭慕兰质疑国家间的战争对欧洲内部的影响，战争导致的技术外流、需求增长带来的希望和政府为促进生产所做的制度改革，并不足以形成独特的经济制度结构。彭慕兰认为中国同欧洲一样具备产生资本主义性质的生产方式的条件。

在第二部分，彭慕兰从社会经济层面出发，指出欧洲所具备的产生资本主义的条件不是独一无二的，亚洲地区同样拥有。他总结说："与其把16到18世纪其他先进经济看作'没有成功的欧洲'的实例，倒不如把这一阶段的西欧看作一种并不特殊的经济可能更为合理。"①

彭慕兰在比较中西方差异的同时，还讨论了那些可能促成"大分流"产生的因素。除了上文所说的地理偶然性，作者在第二部分提出了几个不可忽视的变量。首先是奢侈品消费。彭慕兰指出，奢侈品需求和资本主义政治经济对欧洲控制新大陆发挥了很大的作用。与其说新大陆推动了欧洲的资本积累，不如说是它的资源帮助欧洲脱离了一条受生态制约、以劳动密集型产业为主的发展道路。② 其次是白银作为货币流通。受地理限制，中国无法生产大量白银，欧洲借白银输出在商品交易中获得了一定的优势地位。再次是政府对商业的干预。彭慕兰猜想："为适应政府的财政需求而产生的制度改革一般说来导致了更有效

---

① ［美］彭慕兰著，史建云译：《大分流：欧洲、中国及现代世界经济的发展》，江苏人民出版社2010年版，第254页。
② ［美］彭慕兰著，史建云译：《大分流：欧洲、中国及现代世界经济的发展》，江苏人民出版社2010年版，第137—138页。

的资本市场的发展。"① 与欧洲相比，中国政府对商业的干预比较少，为商人创造的机会和特权也相对较少。较少的政府干预意味着商业一直得不到明确、清晰的法律保障，商业的具体发展、管理和积累范围也一直受到限制，商业资本和所有者之间缺乏分离的环境。此外，彭慕兰指出，战争加快了欧洲向海外扩张的速度，缓解了欧洲发展所面临的能源、资源紧张问题。

在第三部分，彭慕兰更深入地讨论了生态对东西方发展的影响，新大陆缓解了欧洲在资源、能源、土地等方面的紧张局势，并为欧洲发展提供了一个不会阻碍无限的人均增长的新环境。在第五章，彭慕兰指出欧亚大陆存在众多共同点，两块大陆人口最密集、受市场驱动的经济发达地区都受到了生态的制约，有限的能源、土地、燃料和日益严重的生态环境限制了这些区域的可持续发展。从闲置土地上看，19 世纪前后，中国、日本部分地区以生态环境为代价的劳动密集型产业的发展状况正在逼近生态极限，在粮食产量增长的同时，需求量也在急剧上升，同样的事情也发生在欧洲大陆。从燃料供需关系上看，18 世纪欧洲的燃料价格大幅上涨，工业所需的燃料资源短缺，欧洲各地的铸铁业由于燃料短缺每年只能开工几周。不断增长的粮食需求也在消耗土壤肥力，19 世纪初主要的耕地面临土壤肥力衰竭的问题。在中国，区域性的资源衰竭问题也十分严峻，靠近政治中心的华北平原正面临着土壤流失、森林植被锐减、沙尘暴频发、水资源短缺等环境问题。

为了解决生态问题，中西方实施了一系列措施，并建立了一种"经济核心区—外围地区"并行的贸易模式，将核心区面临的生态压力转移到外围区域。中日核心经济区都试图与人口密度较低的地区进行远距离贸易。中国通过劳动密集投入和国内自给自足的区域贸易来应对问题，清政府鼓励向人口稀疏的区

---

① ［美］彭慕兰著，史建云译：《大分流：欧洲、中国及现代世界经济的发展》，江苏人民出版社 2010 年版，第 213 页。

域移民、辅助其建立基础设施，或输送成熟的手工艺人。日本德川政府允许一些外围地区改变措施，以提升经济发展水平，但是内部的区域贸易并未成功解决问题。19 世纪，中国华北地区的原棉产量和长江中下游地区的水稻产量增幅出现停滞，德川时期日本外围地区为核心地区的发展付出了巨大的代价。欧洲也面临同样的压力。在英国，可供核心区域转移压力的闲置土地十分稀缺。英国试图通过改进饲料作物质量解决问题，结果却是在生产粮食和饲养家畜的土地之间形成了更为严格的界限。同时，英国试图提高土壤肥力，结果却破坏了原有的土壤秩序。总之，在新大陆被发现之前，英国的粮食生产越来越难以满足人口增长的需求。东欧为西欧提供土地密集型产品，这种贸易发展很快就达到极限。东欧的土地密集型产品多来自强迫劳动的庄园经济，这种依附型的劳动关系加强了东西欧的商品交换模式，但也限制了交易规模，因此越来越难以满足西欧对土地密集型产品的需求。此外，东欧对西欧制造的商品的需求十分有限，大部分东欧农民处在现金经济之外。

无论中日还是西欧，外围地区只能暂时缓解核心区的生态压力却无法解决问题，这些地区试图以劳动密集型的生产方式应对生态压力，结果发现这些调整在不同程度上使未来实现资本密集和能源密集的工业化更为困难[1]，马尔萨斯陷阱[2]的幽灵始终盘桓在亚欧大陆的上空。

---

[1] ［美］彭慕兰著，史建云译：《大分流：欧洲、中国及现代世界经济的发展》，江苏人民出版社 2010 年版，第 347 页。

[2] 马尔萨斯陷阱（Malthus Trap），又称"马尔萨斯停滞""马尔萨斯灾难"，是由英国政治经济学家托马斯·罗伯特·马尔萨斯提出的人口理论。马尔萨斯就人类社会提出两条公理："第一，食物为人类生存所必需。第二，两性间的情欲是必然的，且几乎会保持现状。"基于对以上两条公理的认可，他指出："人口的增殖力无限大于土地为人类生产生活资料的能力。人口若是不受到抑制，便会以几何比率增加，而生活资料却仅仅以算术比率增加。""人口增殖和土地生产力天然地不相等，而伟大的自然法则却必须不断使它们的作用保持相等。"（参见［英］马尔萨斯著，朱泱、户企林、朱和中译：《人口原理》，商务印书馆 1992 年版，第 6—9 页。）

在第六章中，彭慕兰从制度、生态及相关方面考察了作为新外围的美洲大陆解决欧洲生态制约的问题，并分析了它们对工业化的出现发挥的作用。其一，随着新大陆的发现，奴隶贸易和欧洲殖民体系促成了一种新型外围区域的产生，欧洲借此用不断增长的制成品交换土地密集型产品。其二，欧亚大陆经济核心区的原始工业化出现了差异。18 世纪中叶，中国和日本的经济发达地区面临严重的生态制约、原始工业工人失业、农业劳动者贫困等问题。原始工业的发展往往与人口增长相关，原始工业的发展需要更多的劳动力、更低的劳动力价格，而人口的增长给土地、资源、生态带来的压力又制约了原始工业的扩张，这样一来，该地区的经济发展就走进了一条死胡同。得益于辽阔的新大陆，欧洲摆脱了这个生态僵局。可以推测，新大陆对欧洲发展的最大作用不在于资本积累，成为西欧的工业品市场，也不在于提供廉价的原料和劳动力，而是为新大陆提供了丰富的劳动密集型产品。新大陆的贵金属输出并未对欧洲经济的发展起太大作用，它们成为战争的灰烬。中国是贵金属的主要流入地，欧洲人在中国用白银交换黄金、瓷器、丝绸、茶叶等奢侈品而非劳动密集型产品，且仅局限于与上层阶级交易，这对缓解土地压力起到的作用只是杯水车薪。白银的重要性在于支付殖民地行政管理费用和亚洲商品航运花费，还在于为培养军队指挥官、积蓄军备、发动战争提供资金。不断扩张的军事力量加速了欧洲对其他地区的掠夺。新大陆对欧洲实现工业化的最大作用不在于资本积累、工业品需求，而在于它在很大程度上缓解了欧洲土地和能源之间的紧张关系。与英国的煤炭资源一样，新外围的获得是欧洲逃离马尔萨斯陷阱的关键。随之而来的便是"东方—西方"的分流。彼时的西欧和东亚国家真正站在了命运的分岔口上，中国、日本、印度继续在劳动力密集、资源节约的道路上走着，西欧则突破了发展瓶颈，从平淡无奇的海洋一隅一跃成为 19 世纪新世界经济的中心，以前所未有的速度飞速发展。

三

《大分流》的出版引起了学界的关注，它对新史学研究的传播传承、创新发展做出了重要贡献。从研究方法上看，彭慕兰将中西方互为参照系进行比较研究，避免了"欧洲中心论"的偏见，以更客观的方式认识 18—19 世纪中西方存在的历史差异。

此外，《大分流》对我们认知当下具有重要意义。其一，既然欧洲工业化并不具备绝对的内生优势，西欧之外的地区和国家应当可以找到一条无须对欧洲发展模式亦步亦趋的道路。其二，就像作者警示的那样，"大分流"指"东亚与欧洲的差距是一种巨大但是暂时的分离"，而非恒久的、不交汇的平行陌路。21世纪以来，全球经济增长的重点区域重新回到东方。世界仍处在发展中，未来是否会出现另一个可以被称为"大分流"的节点？在上一个节点遭遇挫折的国家和地区可以在书中寻找答案，并思索如何在未来的发展中占据优势地位。

《大分流》面世以来，书中的一些观点引起了学者们的质疑和反对。综合整理如下：

《大分流》中关于中国的很多推理分析都是在只有很少材料的情况下做出的，也可以说，是作者在没能充分占有史料的情况下迫不得已做出的。这些推理看上去相当精巧，也有一定的内在逻辑，但由于史料不足，或受作者的主观影响，推理过程及其结果有时显得不够合理。[①]

王博文、刘新宽指出，《大分流》在阐述"新大陆和西欧经济发展之间关系"的时候，主要论述了双方的互惠互利关系，而对西欧在新大陆的高压统治和殖民

---

① 史建云：《重新审视中西比较史——〈大分流：欧洲、中国及现代世界经济的发展〉述评》，《近代史研究》2003 年第 3 期，第 198—223 页。

贸易谈论较少。[①]

　　吴承明先生指出，彭慕兰对英国率先实现工业化的原因的归纳过于简单，而"更重要的是法律、社会和文化思想因素"[②]。

　　黄宗智认为，《大分流》的理论—意识形态依据存在缺陷。彭慕兰的推理基于这样的逻辑：在前工业化时期，两个经济体的市场发展程度如果基本一致，就必定会导致类似的资源配置效率和发展水平。这抹除了中西方在人地关系、社会关系、城乡关系、殖民统治和被殖民统治、资本投资国和劳动力供应国之间的不平等。黄宗智还指出，《大分流》轻视关于具体生活和生产状况的知识，偏重理论和书面数字，以致在论证过程中出现了不少脱离中国实际的经验性错误。此外，彭慕兰没有认真对待近二十年来西方研究 18 世纪英国的主要学术成就，即证实农业革命、原始工业化、城镇发展、人口行为转型以及消费变迁等"五大变化"，而是把这些革命性的变化尽量写成内卷型（即劳动边际报酬剧增）的变化，结果是抹杀了二者之间的差异。[③] 在一些具体数字分析中，黄宗智认为自己的著作《长江三角洲小农家庭与乡村发展》比《大分流》更具可信度。对于黄宗智的质疑，彭慕兰在《世界经济史中的近世江南：比较与综合观察——回应黄宗智先生》[④] 中做出了回应，尖锐地指出黄宗智著作中存在的谬误，以及书中不合逻辑的推论和错误观点。

　　彭慕兰的比较研究方法值得肯定，但《大分流》在具体的史料选择、分

①　王博文、刘新宽：《从新史学视角探析〈大分流：欧洲、中国及现代世界经济的发展〉的出版价值》，《出版广角》2021 年第 4 期，第 94—96 页。

②　吴承明：《从传统经济到现代经济的转变》，《中国经济史研究》2003 年第 1 期，第 3—5 页。

③　黄宗智：《发展还是内卷？十八世纪英国与中国——评彭慕兰〈大分岔：欧洲、中国及现代世界经济的发展〉》，《历史研究》2002 年第 4 期，第 149—176、191—192 页。

④　彭慕兰、史建云：《世界经济史中的近世江南：比较与综合观察——回应黄宗智先生》，《历史研究》2003 年第 4 期，第 3—48、189 页。

析、对比等方面仍存在不足。李大伟在《历史比较研究与"欧洲中心论"之反思——以〈大分流：中国、欧洲和现代世界经济的形成〉为例》[①]中，从以下三个层次对《大分流》一书存在的方法问题提出了批评。其一，彭慕兰为了得出某种结论，放大了部分史料的作用，将一些地区性的特点上升为普遍性的特点，有以偏概全之嫌。其二，彭慕兰虽以欧洲、中国、日本、印度等为主要比较对象，但是其笔墨主要集中于中国（尤其是中国东部和江南地区）和西欧，对于日本和印度之比较涉猎较少，未全面展现工业革命之前近代欧洲的经济发展与亚洲其他地区的相似性和同质性。其三，该书对欧洲、中国、日本和印度等地的经济发展因素进行了详细的对比，却忽视了东西方政治形态差异对经济结构的影响。

此外，我们需要思考发源于西方意识形态的西方历史研究方法能否满足中国历史研究的需要。使用具有严谨科学性的数字进行论证在一定程度上远离了"欧洲中心论"，摆脱了先入为主的偏见，将东方与西方置于精准的天平两端。史建云认为，彭慕兰的数据比较"抛弃了一切外在的、概念性的东西，直指本质核心"[②]。在《大分流》中，我们能看到作者在比较研究早期现代欧洲和亚洲的日常奢侈品时，详细计算了19世纪前后欧洲与中国的茶叶消费总量及人均消费量，估算了中国糖原料产地面积、产糖量、糖的价格（作者还细心地把糖的价格与农民的收入进行了对比）。彭慕兰在对比中西方农民的生活状况时，将比较单位缩小到"卡路里"上。再如，在对比纺织技术的变革条件时，作者仔细推算了地区人均棉、丝产量，谨慎地假设人均棉絮消耗量，比较了战争对人力、

---

① 李大伟：《历史比较研究与"欧洲中心论"之反思——以〈大分流：中国、欧洲和现代世界经济的形成〉为例》，载《历史学的省思与展望——第三届清华青年史学论坛论文集》（未出版），2013年，第11—17页。

② ［美］彭慕兰著，史建云译：《大分流：欧洲、中国及现代世界经济的发展》，江苏人民出版社2010年版，第2页。

消费需求的影响，以及耕地面积的增减。在对比中西方农民拥有的家具时，作者列出了"每农村家庭商品平均数"表，计算了18—20世纪中欧农民拥有的桌子、长凳、椅子、镜子、床、柜子等的平均数。该表将"两个大区的数字与德夫里斯的17世纪弗里斯兰一个内陆村庄和两个沿海村庄的数字并列……包含了卜凯和德夫里斯都有统计数字的全部项目"①。表格中的数据经过严谨的计算，数字全部精确到小数点后一位。数字、表格在该书中出现得十分频繁，很难说这些数字没有呈现客观现实，或没有将中西方差异清晰地陈列在我们面前。

基于数字比较的研究真的是认知社会的正确路径吗?《老子》说:"善数不用筹策。"② 善于运筹计谋的人，不依靠筹策也能摸清事实真相。他凭借的是对万事万物内在规律的了解，而非事物的外在形态。独立个体也好，独立的社会也罢，两者始终遵循着规律循序演进。如果后人试图顺着外在形态表现出的细枝末节去探索事物本真，很容易被细节影响，与本原越来越远。王弼已经说出了这个道理:"万物万形，其归一也。……以一为主，一何可舍? 愈多愈远，损则近之。损之至尽，乃得其极。"③ 精细的数字是引导我们认识社会发展的征途，还是扰乱我们认知方向的歧路? 从老子的"物论"看，数字是事物末端，是最表面的现象。用数字认识事物，只会离事物本原越来越远，真相会变得遥不可及。这也许能解释为什么笔者在阅读《大分流》时有一种隔阂感。彭慕兰的研究方法和分析过程令人惊叹，他也确实以独特的方式呈现了中欧的差异，回答了东西方分流的原因，但似乎难以看清真相。其间仿佛存在一张坚硬的透明玻

---

① ［美］彭慕兰著，史建云译:《大分流: 欧洲、中国及现代世界经济的发展》，江苏人民出版社2010年版，第178页。

② ［三国］王弼注，楼宇烈校释:《新编诸子集成老子道德经注校释》，中华书局2008年版，第70页。

③ ［三国］王弼注，楼宇烈校释:《新编诸子集成老子道德经注校释》，中华书局2008年版，第117页。

璃罩，我们能看到玻璃罩中精心布置的微型热带景观，却触摸不到苔藓的柔软，闻不到潮湿溽热的空气。

以彭慕兰在访谈中的一段话作为本文的尾声："我们确实希望从宏大的历史发展维度出发，发现一些特定模式。有另一个极端观点认为，日常生活的小范围维度才是最基本的，因为每一事件都取决于人们当天做的决定，于是历史学家开始聚焦于极其短暂的时间维度中。但如果沿着这种极端发展下去，历史就会变成极其微观层面上的一连串突发事故，就会陷入无边无际的混乱之中。虽然面对的具体历史问题不同，但我们历史学家需要解决的是，思考各种历史动力在不同的时空维度内是如何相互影响的，这些关系直接影响到我们应如何阐述连贯的历史。"[1]

作者简介

丁欣楠，女，杭州师范大学人文学院中国古代文学专业硕士研究生。

---

[1] 陈黄蕊:《全球史视野下的中国史研究——彭慕兰（Kenneth Pomeranz）教授访谈录》,《史学理论研究》2017 年第 1 期，第 135—142 页。

后　记

如何培养和提升研究生的学术能力，是摆在每位导师面前的重要课题。这既是导师作为教师的责任、义务，也是其作为学者的学术理想。所以在日常指导之外，我们尝试举行常态化的研究生学术活动，以期营造良好的阅读、思考环境，培养研究生的学术能力。杭州师范大学人文学院研究生文史研读会就是其中一种形式。

早在 2014 年 10 月，我们联合浙江大学等高校，举办了"种德元典读书会"，参加人员有来自浙江大学、杭州师范大学、中国美术学院、浙江工商大学的老师和研究生，还有本科生和全国各地的学者，读书会的介绍收录进了许金晶主编的《领读中国》一书。我们研读《周易》《老子》《六祖坛经》，举办学术讲座，创办读书会公众号，定期推送读书报告和《世说新语》的阅读随笔，催生了徐大军老师《名士派——世说新语的世界》这类有趣味的佳作。2017 年 7 月起，几位骨干成员陆续被庶务缠身，组织难度增加，读书会中止了。但我们没有放弃，而是把读书会搬回了人文学院，在研究生群体中继续举办。

人文学院研究生文史研读会始于 2019 年春天，参与主体包括中国古代文学、中国古典文献学、中国古代史、专门史等专业的研究生、导师和青年教师。

每期确定一个主题，由老师共同商议选取最近几年出版的热点学术著作并开列书单，文史研读会按图索骥，搜集分发资料；学生提前阅读，定期报告。基本流程是：每2周1期，星期三下午举行，每期约2个小时。每期由2—3名研究生担任主引读人，4—5名青年教师担任导读老师。研读期间，由主引读人做报告，每人约15分钟，从内容题材、研究方法、研究视角、研究材料等出发做深入分析，要求联系自己的研究主题或所关注的内容，指出可学习借鉴之处或引以为戒之点。参会人员均要参与讨论，并准备1—2个有针对性的问题，供全员讨论。会后安排1名研究生撰写研读综述，该研读综述在文史研读会微信公众号上推出。

文史研读会的基本理念在于贯通和融合，突破学科分化的界限，推动文史贯通，促进文史学科之间的融合，尽可能多地面对世界、事物和问题本身。研读会鼓励不同学科背景的师生共同精读论著，从不同视角出发，关注共同的问题，剖析不同细节，激发具有探索性的讨论，推动学生批判性思维、创新能力、价值关怀等的提升。

本论文集是杭州师范大学人文学院研究生文史研读会的第一部论文集，作为研究生学术能力培养的成果，期望能够带动更多的学生和青年教师参与其中，激励师生共同阅读、共同进步。

杭州师范大学人文学院研究生文史研读会

2023 年 9 月 18 日